JN183663

統治新論

民主主義のマネジメント

大竹弘二＋國分功一郎

太田出版

統治新論

民主主義のマネジメント

目次

はじめに

『統治新論――民主主義のマネジメント』というタイトルを見て本書を手にした読者は、本の中身を見て肩透かしを食らわされるかもしれない。この対談のなかで話題になっているのは主に歴史であり思想であって、経済構造や情報技術の変化を受けた今日の新しい「統治」あるいは「マネジメント」の方法をそれほど扱っているわけではない。その限りで、民主主義や住民参加の新たなシステムのようなものを期待した読者には、物足りないものであるかもしれない。そのような「新しい公共」については、すでに企業・NPO・大学等でコミュニティデザインの活動に関わっているひとたちによっていろいろな提案や実践がおこなわれている。特に三・一一以降におけるコミュニティの再構築への関心の高まりはこうした流れを後押しし、新しい統治をつくり出すための「ポジティヴな」試みがさまざまに模索されている。

しかし本書が焦点をすえているのはもっと別のところである。この対談は近代主権国家とその統治のあり方をめぐって、歴史および思想史の観点から話がすすめられるだろう。たしかに特定秘密保護法や集団的自衛権のための「解釈改憲」といったアクチュアルなテーマも俎上に載せられている。しかしそれらは、そこに孕まれた諸問題についてより深く歴史的に考察をすすめるためのひとつのきっかけである。それは、そうした時事的なテーマを軽んじているという意味では決してない。むしろ、それが現政権を批判するための一時的な「ネタ」として消費されるだけに終わらないようにするのを意図してのことにほかならない。歴史を踏まえつつ眺めてみると、アクチュアルな政治トピックが往々にして古い問題を反復していることに気づかされる。国家の秘密の問題であれ、法の解釈の問題であれ、それは過去のひとびともまたつねに考え続け、解決を探り続けてきた問題であることを知っておかなければ、いまの状況を本当の意味で理解することはできないだろう。

最近の日本の政治的雰囲気に対しては私のような「ノンポリ政治学者」でさえもラディカルな立場から向き合う必要性を感じさせられるが、それは単に過激な反対や抵抗の身振りをすることを意味しているわけではない。ラディカルであるというのは、問題の「根っこ（ラテン語でラディクス）」にまでさかのぼること、つまりその歴史的な起源を掘り起こし、その地点から改めて考えてみることの意味でもある。「立憲主義」の理念がどのように誕生したのかすら忘れられてしまう（あるいはそもそも知られていない）現状にあって、このような歴史的立場としてのラディカリズムは決してその意義を失ってはいないと思う。

この対談では統治の問題が一貫して国家権力との関係を軸に問われているが、このことに違和感を覚えるひともいるかもしれない。近年、統治という言葉は国家のそれに限らず、より幅広い意味で理解されるようになっている。実際、いわゆる新自由主義的な立場をとるひとに限らず、国家が果たすことのできる役割に限界があるということはいまや一定のコンセンサスをえているといえる。それゆえ、後退する国家に代わってさまざまな民間のアクターが自発的に活動する新しい統治のあり方も期待されている。しかしながら、民主主義という観点から見れば、良かれ悪しかれ依然として国家こそがもっとも重要なアリーナであることは否定できない。このことに無自覚なままグローバル経済やＩＴ技術の脱領土的な発展に幻惑されて、経済決定論や技術決定論に身をゆだねるなら、それによって葬り去られるのは国家ではなく民主主義ということにもなりかねないだろう。本書が近代国家の統治への問いを根本に置いているのは、それが民主主義を問い直すために不可欠だからである。それが従来の議会制民主主義や国民民主主義の擁護にとどまるか、それを超える新たな民主主義の構想につながっていくか、あるいは民主主義という理念そのものからの訣別に至るか。これは各々の読者が判断するところである。

大竹弘二

第一章

主権を超えていく統治

——特定秘密保護法について

特定秘密保護法の成立

——二〇一三年一二月に特定秘密保護法が成立、公布され、二〇一四年一二月に施行されました。大竹弘二さんは、『atプラス』誌上で「公開性の根源」を連載され、現代の民主主義において、ガバナンスの危機を克服するために、アルカナ・インペリイ[注1]（統治権の機密）への回帰が起きていると指摘されてきました。また國分功一郎さんは、みずからの住民運動体験[注2]をもとに、行政への住民のアクセスが確保されていないことを問題にされ、特定秘密保護法についても、行政府が情報を独占し、統治の主導権を握ろうとするものであると、指摘されています。今日はおふたりに、政治の公開性についての本質的な議論を踏まえながら、特定秘密保護法についてお話いただきたいと思います。

まず、大竹さんからお話を伺いたいと思います。連載「公開性の根源」は、二〇一二年二月から開始されましたが、その第一回にお

注1　古代ローマの歴史家コルネリウス・タキトゥスを淵源とする言葉。一六、一七世紀の政治的言説のなかで活発に議論されたが、一八世紀になると、絶対主義の秘密政治を象徴する語として啓蒙主義に批判された。詳しくは大竹弘二「公開性の根源 第2回——政治における秘密」『atプラス12』二〇一二年五月、「公開性の根源 第3回——陰謀、時間政治、コミュニケーションの秘密」『atプラス13』二〇一二年八月を参照。（以下、注記がないものは、編集部による注。大竹、國分による注

いて、特定秘密保護法の成立を予感していらっしゃるような文章があります。いわく「今日における民主主義への不信は、近代の政治的公開性が機能不全に陥りつつあることの徴候なのではないか。統治から民主主義の「重荷」を軽減しようという近年の風潮に見てとれるのは、統治が政治的公開性の世界から離れて自立化するという事態なのではないか」と。こうした危機感をもたれた理由をお話しください。また、「統治が政治的公開性の世界から離れて自立化するという事態」について説明をお願いします。

大竹——特定秘密保護法の成立を予期していたわけではありません。「統治が政治的公開性の世界から離れて自立化するという事態」とは、国家の主権もしくは法律から統治の活動が切り離されていくということですが、僕の念頭にあったのは、一九九〇年代から顕著になった新自由主義化の流れでした。つまり、統治活動が外部委託、民営化されていく状況です。「国家を経営する」などというように、政治がビジネス・企業経営のメタファーやレトリックで語られ、経

は文末のカッコ内で示す）

注2　東京都小平市に建設予定の都市計画道路3・2・8号府中所沢線の計画をめぐって起こった住民運動。住民団体が、「住民参加により計画を見直す」か「見直しは必要ない」かを選ぶ住民投票の実施を、七五九三筆の署名をもって請求。住民投票の実施を定めた条例案は議会で可決されるものの、後から市の意向により投票率五〇パーセントの成立要件を付される。実際の投票率は三五・一七パーセントで、住民投票は不成立となった。住民団体は、投票結果の公表を求めて情報開示請求をおこなうが棄却。二〇一四年一二月末現在、投票結果の公表が裁判で争われている。

済合理性や技術的合理性によって動かされるようになりました。ガバメントからガバナンスへの移行などともいわれます。そのはなはだしい例としては、イラク戦争で注目をあびたアメリカのＰＭＣ[注3]（民間軍事会社）などがあります。そして統治のあり方のこうした転換が、「国家」の利益と「国民」の利益とのあいだに衝突をもたらすようにも思える状況がしばしば生まれてきた。たとえば二〇〇八年には、経団連が「人口減少に対応した経済社会のあり方」という提言をまとめ、積極的な移民受け入れ政策を提言しました。ここに垣間見えるのは、国民のあいだの格差や貧困をなくすことよりも、国全体のＧＤＰを増やすことを何よりも優先する考えです。少なくとも近代国民国家においては、「国民」でさえあればみなが平等に国家の決定に関与できるという建前がありました。しかしいまは、その「国民」をないがしろにするかたちで、経済合理性や技術的合理性が国家の統治原理になっていく。

「統治が政治的公開性の世界から離れて自立化する」という場合の「政治的公開性」とは統治が国民のチェックのもとで民主的にコ

注3　要人警護や施設等の警備、軍事教育、兵站などの軍事的サービスをおこなう民間企業。冷戦終結後、軍縮が進むなかで誕生。特に二〇〇〇年代の対テロ戦争で急成長したといわれる。

ントロールされるということです。その民主的なコントロールが徐々に及ばなくなっているということを「秘密」という言葉で表現しました。国民を基礎とする法や主権のもとで統治がコントロールされるという近代国家の建前が逆転し、統治をいかに効率的におこなうかが優先され、そのなかでいろんな法律が決められていってしまう。つまり、法や主権のほうが効率的な統治のための道具になってしまうという倒錯した状況です。

こうした点から見れば、特定秘密保護法で問題になったのは、非常に古典的な問題です。機密情報の秘匿というのはいつの時代にも国家がおこなってきたことであり、これについては、それこそ歴史上の膨大な言説の積み重ねがあります。統治が国家の枠組から離れて自立化していくという、僕が問題にしたかった近年の新自由主義的な事態に比べれば、これはある意味で「ベタな」テーマなので、いまさら改めて論じる必要もないと考えていたのですが、この古い問題が思いがけず現在の日本の状況のなかに回帰してきたという印象です。

もうひとつ、連載をはじめた理論的な動機としては、カール・シュミット[注4]からの影響があります。統治行為が法から自立し、法を乗り超えるかたちで優位に立ってしまう状態をシュミットは「例外状態」という言葉で定義しました。まさにシュミットの「例外状態」というのは、「統治が政治的公開性の世界から離れて自立化する」状況に近いものだといえる。

シュミットは一般的には国家主権の理論家だととらえられていますす。しかし、一九二〇年代のシュミットはたしかにそうですが、三〇年代以降は主権理論を放棄し、むしろ、行政理論について考えるようになっていく。その歴史的な背景としては、二九年の世界大恐慌があります。経済危機に対処するためには、融通がきかない法律に縛られていては後手後手に回ってしまう。状況に応じて柔軟性があるかたちで統治をするにはどうすればよいのか、と。それで行政国家論に行きつきました。特にナチス期になると、もはや議会での立法はどうでもよく、いわゆる総統の下す命令や措置がすべての法律と同等の価値をもつと考えるようになる。法治国家の原理をほと

注4 (一八八八―一九八五年)ドイツの法学者。ヴァイマル共和国の議会主義や自由主義を批判し、ナチスに協力した。著作に『政治的なものの概念』など。

んど放棄してしまい、実質的に例外状態を永続化してしまうロジックになります。

國分——「公開性の根源」でも何度か、シュミットは行政国家的なものが近代主権概念によって飼い慣らされたと考えていたと述べられていますが、あれは二〇年代のシュミットだということでしょうか。

大竹——そうです。二〇年代までのシュミットは、例外状態において政府が下す措置は、たしかに法は超えるが、主権を超えるわけではないといったかたちで正当化しました。三〇年代になると、今度は主権概念に代わって、「具体的秩序」や「ノモス」といった概念のもとで例外状態をコントロールしようとします。行政の活動が恣意的なものにならないための努力はしているわけですが、いかんせん彼のいう「具体的秩序」は全然「具体的」じゃない。行政措置に対する規範的な縛りはないも同然となって、恣意的な執行活動がどんどん広がることになる。

ナチス政権は独裁政権といわれますが、ひとりの独裁者がすべてを決めていたというイメージは少し違います。政治学者フランツ・ノイマン[注5]の有名なナチズム研究書『ビヒモス』（一九四二）でも指摘されていますが、法律を超えて、そのつどの予測できない措置・命令が拡大していくという点にナチス体制の特徴があります。むろんノイマンは、同じフランクフルト学派のフリードリヒ・ポロック[注6]やマックス・ホルクハイマー[注7]とは違って、ナチズムを「国家資本主義」、つまり国家が経済を全面的にコントロールする体制とまでは解釈していませんが、執行権力の活動のいびつな肥大化を問題にしている。その意味ではナチスの全体主義支配は、極端なところまで行きついた一種の行政国家として定義できるのだと思います。

國分――同感です。ナチス政権というのは、行政がなんでもできる状態、いわば行政の夢のようなものを実現した政権だと思います。ナチスはそれを全権委任法によって実現した。

注5　（一九〇〇―一九五四年）ドイツの政治学者。ナチス政権成立後アメリカへ亡命。ニュルンベルク裁判に協力。著作に『ビヒモス―ナチズムの構造と実際1933‐1944』など。ビヒモスは旧約聖書のなかで恐怖の支配をおこなう陸の怪物の名。

注6　（一八九四―一九七〇年）ドイツの社会科学者。フランクフルト学派の拠点となる社会研究所を創設したひとり。

注7　（一八九五―一九七三年）ドイツの社会学者。フランクフルト学派第一世代を代表するひとり。テオドール・アドルノとの共著『啓蒙の弁証法』で知られる。

僕は都道3・2・8号線計画の問題を通じて、行政の決定プロセスに対して民主的な手続きで介入することがいかに困難であるかを実感し、これを批判的に論じましたが、[注8] 行政というものは、議会や民主的な手続きをできる限り遠ざけて、効率よく物事を処理するという方向にどうしても行ってしまいます。この方向性を極端に推しすすめるとナチス体制になるのだろうと思います。おどろおどろしい独裁者が人民を抑圧しているというイメージでナチス体制をイメージすると、むしろ問題の核心から外れてしまう。

大竹—行政の活動はつねにそうした危険をはらんでいます。さらに、先ほどもいったように、「公開性の根源」ではシュミットの例外状態論をさらに突きすすめ、執行権が法を超えるという事態のラディカルな帰結として新自由主義的な流れを考えています。統治活動が民間企業に外部委託されるようになると、行政国家ですらなくなってしまう。そのときには、単に行政権力が肥大化するというだけにとどまらず、統治が国家の決定する法やルールから完全に切り

注8　國分功一郎『来るべき民主主義』幻冬舎、二〇一三年。

離されてしまうんじゃないかと。少なくとも、国家の行為であれば、不完全なものであれルールはあるわけです。国民がそれを決めて、チェックできる仕組みはある程度整っている。しかし、民営化されてしまうと、その活動をチェックすることすらもむずかしくなる。accountability（説明責任）という概念はありますが、いまだ単なる道徳的な要請にとどまっているように思えます。

國分――イラク戦争で起こった事態はまさにそれですよね。アブグレイブ刑務所の捕虜虐待事件でも、ＰＭＣの社員が事件に関わっていましたが、処罰されたのは軍人だけで、社員は裁かれませんでした。

大竹――イラク戦争の場合は、主に補給業務を民間企業に委託しました。しかし民間企業の活動は、犯罪を犯すまではいかなくても、モラルや公平性まで担保できるものではない。それによって特定のひとびとに不利益や損害が生じた場合、誰がどういうふうに責任をとるのかという問題が出てきます。そういったケースがあらゆる場面で起こっているんじゃないかと思います。

公開性の原則は本当に可能か？

國分——大竹さんは、行政国家の問題を取り上げるにあたって、近代初期の極めて短い期間に起こったことに焦点を当てていらっしゃいます。教科書的には、「封建社会が崩れて絶対主義国家が成立した」という簡単な一行ですまされてしまうような部分ですが、実はこの短い期間に近代国家の本性があらわれている。国家が封建制の服を脱ぎ捨て、新しい絶対主義の服を身にまとう、いわば裸になった瞬間ですね。その瞬間を見ると、実は行政国家が先にあって、主権概念にもとづく法治国家は、それをなんとかしようとしてあとから出てきたということがわかる、と。非常に鋭い指摘だし、見事な立論だと思います。

大竹さんの議論を追っていくと、近代国家において公開性の原則がいかなる理由であらわれたのかがよくわかります。公開性の原則というのは、絶対主義国家が活用するアルカナ・インペリイに対してどのように縛りをかけていくかという問題意識から生まれている。すると公開性の原則は、それ自体がどれだけ可能であるのか十分に吟味されることもなく、アルカナをどうするかという問題意識だけから生まれているとも考えることができる。公開性の原則は、「啓蒙のプロジェクト」が掲げた輝かしいスローガンであったけれども、それは実際にはどこまで可能なのか？　こういう問いがここから生まれます。この問題をもう一度考えない限り、民主主義についての議論は地に足のついたものにはならないと思います。そして、実際そうした問題は一九七〇年代あたりから政治学者たちによって論じられていた。

「公開性の根源」のなかで大竹さんは、イタリアの政治学者ノルベルト・ボッビオ[注9]の「テクノクラシーと民主主義は相反的である」という言葉を引きながら、ボッビオはのちのイタリアにあらわれる「実務家政権」を予見していたかもしれないと述べています。イタ

注9　（一九〇九―二〇〇四年）イタリアの法哲学者。著作に『イタリア・イデオロギー』など。

リアは、以前のマリオ・モンティ内閣[注10]もそうですが、たびたび専門家によって構成された内閣をつくっていますね。ボッビオが指摘していたのは、現代社会の問題はあまりにも複雑で、民主的な手続きでは対応しきれなくなっているけれども、しかし、テクノクラートや専門家に対応を預けてしまうのでは民主主義はどうなってしまうのかということでした。実際のところ、専門家が来て問題を解決してくれるというのはたしかにそれはそれでいいかなとも思ってしまう。でも、ならば民主主義はいらないということなのか、と。

その後、カール・J・フリードリヒ[注11]の『政治の病理学』（一九七二）が引かれています。彼は、秘密主義は政治から完全に排されることはないが、公開性もまた大切なのであって、秘密と公開性のせめぎ合いが重要だというプラクティカルな答えを出す。たしかに、このようにいうほかないという気もします。僕もニュースで特定秘密保護法案についてコメントを求められたとき、同じことをいいました。法案に反対していたひとたちは「秘密はおかしい」というけれど、政治から秘密がなくなることは絶対にないのだから、それを

注10　一九四三年生まれ。イタリアの経済学者。欧州金融危機のイタリアへの波及に対処するため、ジョルジョ・ナポリターノ大統領の要請を受けて、二〇一一年一一月から二〇一三年四月までイタリア閣僚評議会議長（首相）として内閣を組織。国会議員、政党幹部が入閣しない非政治家内閣だった。

注11　（一九〇一—一九八四年）ドイツの政治学者。元ハーバード大学教授。著作に『政治の病理学』など。

確認したうえで、公開性の原則をできる限り徹底していくしかない、というありふれた見解です。大竹さんは、しかし、こういうプラクティカルな妥協的解決しかありえないのかと自問されてもいる。まず、この点についてご意見を伺えますか。

大竹―僕も公開性は必要だと思うし、他方で秘密もなくならないと思います。結論としては同じです。そのことは認めざるをえないんですが、公開性という言葉の意味をもう少し厳密に考えてみる必要があると思います。近代の公開性原則というのは、理念上すべての国民が自由かつ平等な立場で政策決定に関与できるというものです。もちろん、このようにユルゲン・ハーバーマス[注12]がいうような合理的コミュニケーションを可能にする仕組みを整えることは重要ですが、しかしどういうかたちで政治に関わっていくか、その程度やあり方、あるいは意思や能力はひとそれぞれ異なっている。政治決定に能動的に参加できる「強い」市民だけではないのだから、政治にアクセスするためのさまざまな仕方、いわば「複数の公開性」を

注12　一九二九年生まれ。ドイツの政治哲学者。フランクフルト学派第二世代。著作に『公共性の構造転換』など。

考えていく必要があるのではないかと考えています。いまのところ具体策があるわけではないですが。

國分――我田引水になってしまいますけれど、いまのお話は、僕が『来るべき民主主義』（二〇一三）のなかで述べた、議会制民主主義を補完する「強化パーツ」としての複数の制度という議論につながりますね。議会はひとつの制度として重要だが、それだけでなく、たとえば住民投票などの制度を併設し、民主主義を強化していく、と。完全に情報公開された状態で、みんなが独立した個人として、コミュニケーション的討議を経て判断を下すという非現実的な想定にもとづいて民主主義を考えるのではなくて、民主主義を実現するためのルートを増やして公開性を担保していくという方向性ですね。

大竹――「民主主義と制度」の話はすごくおもしろかったです。法にしてしまうと、みんながひとつの法の空間のなかで活動していくというかたちになってしまう。けれども、政策決定のための討議だけではなくて、複数の政治参加のための制度があることによって、さまざまなかたちでの政治へのコミットの仕方が確保されると思います。

國分―評価していただけてとてもうれしいです。制度についての議論は、ジル・ドゥルーズが[注13]、イギリスの経験論哲学者デイヴィッド・ヒューム[注14]の政治哲学なんかを参考にして打ち出したものです。ヒュームは、契約によって法を打ち立てて自然状態を脱却するという社会契約のヴィジョンを批判していますが、ドゥルーズはそこに「社会の起源にあるのは法ではなくて制度だ」という考えを読みとるんですね。

大竹―ドゥルーズが『哲学の教科書』のなかでモーリス・オーリウ[注15]という法学者の考えを引用して、法ではなく制度のほうが重要だということをいっている。法が制度をつくるのではなくて、制度が法

注13（一九二五―一九九五年）フランスの哲学者。著作に『差異と反復』、『意味の論理学』など。

注14（一七一一―一七七六年）イギリスの哲学者。著作に『人間本性論』など。

注15（一八五六―一九二九年）「制度理論」を提唱したフランスの公法学者。フランス行政法学を体系化し、多元的な制度理論を説いた。

をつくるということですね。オーリウは制度を重視して法を考えた法学者なんですが、実はシュミットがこのひとにすごく依拠している。さっき触れたシュミットの「具体的秩序」思想のベースになっているのが、オーリウの制度論なんですね。一般的な法律ではなく、具体的な制度にもとづく統治でなければならないと。ヴァイマル共和国時代[注16]の後半からそういう「制度的保障」という考えを出してくるんですが、当初はまだよかった。しかしナチス期になると、その具体的な制度が具体性のまったくない「ノモス」のような概念に横滑りしてしまう。おおよそドイツ民族の（あるいは後年になるとヨーロッパの）文化的共同体を示唆していることはわかるのですが、しかし抽象的な概念にとどまっています。統治はそのノモスにさえ依拠していれば、法律を超えてもさしつかえないという話になり、法律の恒常的な侵害を正当化するロジックになってしまう。だから、シュミットのような抽象的なかたちではなく、制度というものをもっと本当の意味で具体的に設計していく必要がある。

注16　ヴィルヘルム二世の退位を受け、一九一九年に発足。三三年のヒトラー首相就任によって事実上崩壊した。

國分――いまも法学の教科書にはオーリウとシュミットが並んでいるらしいですが、大竹さんが指摘された歴史的事実は非常に重要ですね。法が制度をつくるのではなく、制度が法をつくるという考えは有益なものですが、何かを間違えると、三〇年代以降のシュミットが陥ったのと同じ罠にはまってしまう。ではその何かとはなんなのかを肝に銘じておかねばならない。

大竹――制度というのは基本的に保守的な概念だと思います。フリードリヒ・ハイエク[注17]がいうような「自生的秩序」にも通じるものがある。自然発生的に共同体秩序が生まれてきて、そのなかからさまざまな法も生まれてくるという。制度という概念からこうした保守コミュニタリアン的な含意を払拭して、どういうかたちで使えるようにしていくかが問題だと思います。

國分――「具体性に向かえ」といっているだけでは、シュミットのように具体性のないものに頼ることになってしまう危険がある。制度

注17 （一八九九―一九九二年）オーストリア生まれの経済学者。新自由主義の祖といわれる。著作に『隷従への道』など。

と法といった概念を哲学的に定義する一方で、審議会をどうするか、パブリックコメントをどうするかといった具体的な制度の設計が必要だと思います。

正統性の問題

國分——大竹さんにお伺いしたいことがあります。『来るべき民主主義』のなかで僕は制度の複数化を提案しました。この提案自体は、たいして独創的なものではありません。これまではっきりといわれてこなかったのが不思議なぐらいですが、どうしてこれが提案されてこなかったのかというと、正統性（legitimacy）の問題があったからだと思うんです。制度を一元化するのは、「ここで決めたから正統ですよ」というためです。だからこそ、近代の政治制度は一元的なものにこだわった。制度を複数化するという僕の提案は、どこで正統性を確保するかという問題に十分には応えていない。どんな制度をつくっても最終的には決定は議会で承認されねばならないだろうとも書きましたので、あの提案はやはり議会を最終的な正統性の根拠にしているといえます。

たとえばいまの日本で複数の制度を導入しても、別に大きな混乱は起きないと思う。しかし、内戦のような大きな政治的危機が訪れたときには、正統性が大問題になります。近年のタイでは、選挙の正統性が確保できず、めちゃくちゃになっている。その意味で、制度の複数化は危機への対応という問題を抱えています。これはシュミットが考えていた問題ともつながると思うんですが。

大竹――結局そうなると、どの制度に正統性があるのかということを各自が恣意的に決めてしまって、正統性がぶつかり合うある種の内戦状態になりかねないですね。まあ現状としては、やはり議会での決定によって最終的な正統性を担保しなくてはなりませんね。

國分――そうなんです。だから、制度の充実も大切ですが、政治社会の成熟という契機も重要なんですね。こういう話をすると、どうも自分がカント的な進歩主義に逃げているような感じもしてしまうんですが、制度だけではどうにもならない点もあるということをきちんと指摘しておきたいと思います。たとえば住民投票だったら、その制度を整えることも重要ですが、同時に、その結果を尊重する政治文化の成熟も大切です。実際、住民投票についてはそうなりつつあると思いますが、しかし、時間はかかりますね。

大竹――かりに議会が諸々の制度のうちのワン・オブ・ゼムになるとしても、それにはだいぶ時間がかかるでしょうね。

國分――議会を中心として、他の複数の制度がその周囲に配置されるというイメージですかね。そうしたイメージが浸透していけばいいいと思っています。それが実現すれば、いままでの議会制の意義も問い直されるように思いますね。

小平でやった住民投票がなぜある程度のインパクトをもって受け止められたかというと、行政という公的機関を実際に動かし、かつ、選挙とは異なる意見集約の制度を活用したからだと思うんです。市があとから付してきた修正案のために開票はまだなされていませんが、公的に実施できる案を提示すること、そして、それを実現していくことが本当に大事だと思いました。デモも選挙も大切ですが、いま、政治というとどうしてもその両極ばかりが目立ってしまう。

大竹——國分さんが関わった小平での運動は、議会か直接行動かという不毛な二者択一ではない、新たなツールをつくっていくという試みのひとつだったと思います。

近代国家の肥大症

國分——もう少し大竹さんの連載「公開性の根源」の話を続けさせてください。取り上げたいのはフリードリヒ・マイネッケ[注18]です。大竹さんと同じく僕も政治学科出身なので、学部生のときから彼の名前

注18 （一八六二—一九五四年）ドイツの歴史学者。著作に『近代史に

は知っていましたが、どうせ古くさい議論だろうと思って読んでいなかった。正直いって、『近代史における国家理性の理念』というタイトルがつまらなそうだった。しかし大竹さんの連載の第四回を読んで、そんなふうに思っていたことを恥じました。むしろいまこそ読まれるべき古典ですね。今回のテーマにも関係してきます。

一般にはあまり馴染みのない言葉でしょうから確認しておくと、「国家理性」というのは、国家の危機を回避するためならどんなことでも許されるという考えとして理解していいでしょうか？

大竹——通俗的用法としてはそうですね。「国家の理由」あるいは「状態の理由」と訳されることもありますが。領土をはじめとする国家の現状を維持するための、通常の法とは違う非常手段とでもいえばいいでしょうか。

國分——マイネッケが国家理性を徹底的に研究したのは一九二〇年代で、そこには第一次世界大戦に対する反省があったことを大竹さん

おける国家理性の理念』、『世界市民主義と国民国家』など。

は指摘されています。

彼〔マイネッケ〕が一九二〇年代前半に国家理性論を著したとき、その念頭にあったのは何よりも第一次世界大戦の破局である。マイネッケの著作は大戦を引き起こすことになった権力政治の系譜学であり、純粋な思想史研究の書というよりは、彼の同時代の政治的惨禍に対する応答にほかならない。[注19]

マイネッケによれば、政治家はしばしば法を犠牲にしてでも国家を救うという挙に出なければならない。国家理性論とは、そうした法に対する侵犯行為をなんとか規範化しようとする試みであった。そうすると国家理性論には、統治のためには法を犯してもよいが、しかしその行為も実はある種の高次の法にしたがっているという奇妙な論理、パラドクスが見い出せることになる。

大竹——「必要」という言葉でいっていますね。

注19　大竹弘二「公開性の根源 第4回——例外状態と国家理性」『atプラス14』二〇一二年一一月、一四四～一五九頁。（國分）

國分——法を無視しつつも「必要」という名の高次の法にしたがっているというパラドクスがあることになりますね。ところが、マイネッケによれば、近代国家は結局このパラドクスをうまく解決できなくて挫折した。別のいい方をすると、力と法のパラドクスの折り合いをつけることができなかった。そこでマイネッケは次のように指摘します。第一次大戦のような破局は「必要があれば法を犯して行動してもよい」と命ずる国家理性がもたらした「近代的な肥大症」の悪しき結果である、と。この「肥大症」というマイネッケの言葉は非常に重要だと思います。つまり、国家理性みたいなものを認めて、場合によっては力が法を乗り超えなければならないという理論を出してしまうと、力はどんどん肥大化し、国家権力は肥大症に陥ってしまう。

とはいえ、マイネッケが最終的に出した結論というのは、政治的行為者は法と力のあいだで引き裂かれつつも、その矛盾を自覚的に引き受けねばならないという「お馴染み」のものだった。

大竹――ある種、マックス・ヴェーバー[注20]的なんですよ。自分の良心となすべき行為との矛盾に引き裂かれ、悩みながらもあえて行為することを雄々しく引き受けるという、はっきりいってナルシズム的な英雄倫理。

國分――「二〇世紀前半のドイツではお馴染みの悲劇倫理」ですね。大竹さんのこの言葉に僕は三重線を引きました。それはもちろんマックス・ヴェーバー的でもあるけれど、いまでもよくいわれることですよね。「必要のためにやらなければならなかった」云々というわけです。しかも自分の胸のうちに秘めておけばいいのに、回顧録を出版して悲劇的な英雄的行為をしたと書いたりする。少し前に日経新聞の「私の履歴書」でブッシュJr.が回顧録的なものを連載していましたけど、そのなかでも、「自分は拷問に関して、水攻めは認めると苦渋の決断をした」などと書いている。ちなみに、ハンナ・アレント[注21]が「政治における嘘」という論考で、回顧録というのは今世紀のもっとも欺瞞に満ちた文学ジャンルといっていますが、まさ

注20 (一八六四―一九二〇年) ドイツの社会学者。著作に『プロテスタンティズムの倫理と資本主義の精神』など。

注21 (一九〇六―一九七五年) ドイツ生まれの政治学者。ナチス政権

にそれです。注22

マイネッケに戻ると、僕はこの「肥大症」という言葉を参考にして、今回の特定秘密保護法をはじめとした、行政に大きな権限を与える施策全般について、一般にいわれているのとは少し違ったことが指摘できると思うんです。マイネッケの指摘から考えられるのは、肥大症を許しておくと第一次大戦のような破局、すなわち国家自身による国家そのものの破壊がもたらされるということです。行政に強い権限を与えると、行政自身がみずからの力をコントロールできなくなり、どうしても肥大症に陥る。一般に、国家に強い権限を与えると、民主的な手続きこそないがしろにされるものの、国家は迅速に問題に対応し、みずからの利益のために行動できるようになるという通念があります。しかし、実はこの通念は間違っている。実際には、国家は強い権限を与えられるとむしろ国益に背くようなことをしてしまう。そういうパラドクスのことを考える必要があるのではないか。

ここで参考にしたいのが、先ほど少し名前を挙げたアレントの論

成立後アメリカへ亡命。著作に『人間の条件』など。

注22　ハンナ・アレント『暴力について』山田正行訳、みすず書房、二〇〇〇年。

考、「政治における嘘」です。そこでは、当時の国防長官、マクナマラの指令で作成された、ベトナム戦争政策決定の歴史を報告する秘密文書、通称「ペンタゴン・ペーパーズ」が分析されています。この秘密文書がどうして興味深いかというと、アメリカ合衆国政府がベトナム戦争を遂行するなかで自分たちのイメージを維持するためだけに行動し、戦争の目的を次々に変更していった経緯がよくわかるからです。帝国主義的な利益の追求すらしていないとアレントは指摘しています。

たとえばしばしば、アメリカがベトナム戦争を起こしたのは、ドミノ理論[注23]があったからだなどといわれていますし、僕もそうなんだろうと思っていました。ところが、この秘密文書によると、政府内でドミノ理論を信じていたのはふたりだけだったらしい。これには笑ってしまいましたけれど、要するに、強い権限が与えられ、さらに、「必要のためには法を破ることも仕方がない」という理論があると、国家は自分たちの失敗を覆い隠し、どんどん理論や言い訳をつくり上げていって、メンツ維持だけを追求しはじめるということ

注23　ある地域が共産主義化すれば、ドミノ倒しのように近隣諸国が次々と共産主義化してしまうという考え方。冷戦構造の確立にともない提唱された。

です。強い権限を与えると、国家はむしろ国益に背くことをしはじめる。

だから、「肥大症」という比喩を敷衍《ふえん》してこんなふうにいえないでしょうか――放っておくと行政や国家は必ず肥大症に陥って身動きがとれなくなる、だからこそ、公開性の原則によってつねに行政や国家をダイエットさせなければならない、と。行政や国家の太りすぎを防ぐために、民主的な手続きを使って適宜、減量させるということです。歴史から学べるのは、「国家に自由にさせると、民主主義的な手続きはないがしろにされるが、国益は追求される」という通念が間違っているということだと思います。強大な力が与えられると、それを使う側にいる人間はそれを使いこなせなくなる。だから、むしろ国家の側に立った、国家を有効に機能させるという観点からも、特定秘密保護法に反対すべきだと思うんです。

大竹――国家の肥大症、国家にとっての「必要」というものがどんどん拡大していってしまうという話ですが、かつてのアルカナと現代のアルカナとの違いはあると思います。近代初期の国家におけるアルカナはその目的がはっきりしていた。宗教内戦をおさめるためには絶対君主のもとに中央集権化されねばならない。国益というものと君主個人の自己保存はある程度一体化していました。国家を脅かす敵とは、さしあたり君主を脅かす敵のことでした。いったい何を守るべきか、誰が敵なのかという点が、かつての国家のアルカナの場合はかなりはっきり見定めることができたのだと思います。

国際関係という点から見ても、一六四八年のウェストファリア条約[注24]とともに近代的な国際秩序が誕生するわけですが、それは基本的には主権国家どうしのあいだに成り立つ関係です。誰が敵で誰が味方かは、ある特定の国家というかたちで明確に名指すことができました。もっぱら主権国家が国際政治の主役だった時代であり、国家だけが戦争の行為主体でありえた時代、つまり、シュミットが理想化する「ヨーロッパ公法[注25]」の時代ですね。

しかし現代においては、国家の危機という場合、国外の敵国を想定しているというよりは、国内の安全の維持のほうに重点が移動し

注24　神聖ローマ帝国を舞台に一六一八年に勃発した三〇年戦争の講和条約。近代における国際法発展の端緒になった。

注25　一七世紀から二〇世紀はじめまでヨーロッパ主権国家の関係を規律したとシュミットが見なしている国際法体制。国際社会の関係を規律

てきているようにも思えます。「テロとの戦い」が叫ばれるようになったのはそのあらわれですが、今回の特定秘密保護法にもその徴候はあります。たとえばこの法律では、守るべき秘密とは「防衛」「外交」「特定有害活動の防止」「テロリズムの防止」の四つに関わる事項とされています。アメリカとの集団的安全保障の関連で「防衛」や「外交」の側面はよく注目されますが、あとの二つの「特定有害活動」と「テロリズム」のほうが実は重要なのかもしれません。この法案は内閣情報調査室が主導してつくったといわれていますが、対内的な治安活動をいかに円滑にすすめられるようにするかというところに主眼があるようにも思います。

軍と警察は近代国家における二つの実力装置ですが、ある意味では軍のほうがその活動に歯止めをきかせることができます。軍というものは通常、具体的な仮想敵国をもっている。その装備も訓練も、そうした敵国とのあいだに現実に発生しうるさまざまな具体的紛争のあり方に規定されます。しかし警察には、このような具体的な敵がいない。国内で生じうる犯罪や騒乱にはそれこそ無数のバリ

する国際公法の歴史的なモデルとされる。

エーションがあります。だから警察は、たえず新たな危険を予測し、つねにそれを先取りして予防しようとする。具体的な敵を対象としたものではないので、その活動の範囲は限りなく広がりうる。要するに、対外的な軍事活動よりも、対内的な治安維持のほうが活動がよりエスカレートしていく傾向があるわけです。「テロとの戦い」の名のもとに「外政の内政化」ともいえる事態が起こりつつある現代のアルカナは、かつてのそれよりも危険なものとなりかねない。

國分――公安警察はこれまでもそうした仕方で動いてきたけれど、一般の警察はとにかくなんらかの事象がなければ動けなかった。しかし今後は、事象がなくても動く公安のロジックが警察に移管していくかもしれませんね。特定秘密保護法に反対するひとたちのなかで「逮捕」ということが多く語られましたが、実際には、やたらに逮捕するということはできないでしょう。とはいえ、警察は逮捕しなくても、捜査によって極めて効率的に嫌がらせをすることができる。だから、事象がないのに警察が動けるようになることは非常に危険だと思います。

大竹—僕はその点がシュミットの友敵理論が見逃しているポイントだと思います。シュミットは『パルチザンの理論』（一九六三）で敵概念を三つに分類しています。「慣習的な敵」「現実の敵」「絶対的な敵」ですね。しかし今日では、これらのほかに、もっと別の敵概念のカテゴリーを考える必要があるのかもしれない。「潜在的な敵」とでも呼べばいいでしょうか。具体的な姿をもたず、単なる可能性としてのみ存在する敵、つまり、国家がみずからのもつさまざまなリスクを算定し、それに対するありうべき攻撃としてのみ考えられるような敵のことです。現実にそういう敵が存在しているわけではないから、国家がより高い安全を確保しようとすればするほど、それとの戦いは予防というかたちでいくらでも拡大していく。この場合、シュミットが定義したような「政治的なもの」、つまり友と敵との明確な区別は消失してしまうわけです。

ちなみに、アレントは『全体主義の起源』（一九五一）で、全体主義の秘密警察を例にして同じような事態を説明しています。そこで彼女は、「専制政治」と「全体主義支配」を区別している。専制政治においては、現実に存在する国内の政治的反対派に対して弾圧が加えられる。しかし、全体主義支配はそうした現実の反対派がいなくなったところではじめてはじまるのだと。つまり、全体主義の秘密警察が活動するにあたっては、実際に体制に反対する人間がいる必要はない。犯罪を犯すことを意図する人間がいなくてもいい。敵になりうることが客観的に推定できると体制が判断すれば、当人の意図とは無関係にそのひとは敵・犯罪者にされるからです。アレントはこれを「客観的な敵」と呼んでいますが、このような敵には誰でも任意に指定されうる。

このように可能性としてのみ存在する敵は、自分がいつでもどこでも至るところから攻撃されかねないと考えるパラノイア的な不安の産物だといえます。しかしいまの政治は世界的に見ても、こうした「潜在的な敵」との戦いにますますのめりこんでしまっている。

このことが現代における国家の肥大症を引き起こしているのではないでしょうか。

國分——いま大竹さんはシュミットの『パルチザンの理論』に言及されましたけど、あれはずいぶんあとの六〇年代の著作ですね。そこでは、実際の政治的利害と結びついた「現実の敵」の概念をもって政治をおこなうことがいわば推奨されているわけですが、以前との違いはありますか。

大竹——基本的には『政治的なものの概念』（一九三二）に見られるのと同じ立場です。どうしたら敵対関係を非人間的な殲滅戦争にまでエスカレートさせることなく、具体的な場所での限定された戦争にとどめることができるかを問題にしたのですが、結局うまくいかないで終わってしまう。

技術的に一体化する日本とアメリカ

大竹――今日の国家が「潜在的な敵」に脅える理由としては、テクノロジーがもたらしている不確定性が大きいと思います。テクノロジーの発達によって誰がどこからどういう攻撃をしてくるか、がわからなくなっている。それは日本だけではなくアメリカもそうです。テクノロジーを利用して引き起こされる危機にいかに対処するか。できるだけいろんなリスクを想定し、まえもってそれに対応しようとする結果、防衛や治安のための措置がどんどん拡大してしまう。

國分――特定秘密保護法のようなものが、なぜいま出てくるのかを考えるうえで、いまの大竹さんの指摘は重要だと思います。たしかに現代では「戦争」といっても、サイバー攻撃や無人機攻撃など、戦線が多角化している。社会学者の古市憲寿さんが『誰も戦争を教えてくれなかった』（二〇一三）のなかで、戦線が多極化しているこの時代に、なぜ第二次世界大戦だけを教えるのか、むしろそのことで、いま起きている、あるいは起こるかもしれない新しい戦争への想像力をせばめることになるんじゃないかと指摘していましたが、とても真っ当な指摘だと思いました。実際、国家は戦線の多角化に恐怖し、それに対応するかたちで今回の法のようなものをつくってきているわけです。

あと、戦争のことでいえば、特定秘密保護法とアメリカとの関係はきちんと指摘しておかねばなりませんね。アメリカはイラク戦争以降、厭戦ムードが高まっていて、自国兵を使うのがむずかしい。シリア危機のときも世論は七割が介入に反対でした。またシリア危機では、湾岸戦争以来の軍事的パートナー国であるイギリスにもそっぽを向かれた。アメリカが「ある」といっていた大量破壊兵器なんかなかった、もうそういうウソで振り回されるのはゴメンだというわけです。いまアメリカは軍事行動が起こしにくい。そうすると、アメリカは日本の自衛隊を使えるなら使いたいと思っているでしょう。

アメリカが圧力をかけたというよりは、日本の側がそのことを勝手に忖度《そんたく》したのだろうと思いますが、日本政府は、軍事機密を完全共有して自衛隊と米軍が一体行動できるようになることを目指しているでしょう。これまでも多くの論者の方が指摘されていますが、この法が集団的自衛権行使への布石であることは間違いない。それにかぶせるかたちで、先ほど大竹さんが指摘された内政上の要請に対応する規定をつくってきたのだろうと思います。そのせいで、かなり強力な法律になった。

大竹――軍事評論家の小川和久さんは、特定秘密保護法が次期主力戦闘機のF-35を導入するにあたって必須であったと指摘しています。F-35の保有国はALIS[注26]と呼ばれる情報システムを通じて軍事情報を共有することになるのですが、そうして入手された機密情報の保護をたしかなものにするためには秘密保全法制がなんとしてでも必要だったと。いまでもイージス艦などにおいては、米軍と自衛隊の情報システムはリンクされています。日本とアメリカの技術的な

注26　F-35保有国の間で共有される「自律型ロジスティクス情報システム」。同システムで扱われるのは高度の秘密情報であり、その内容は特定秘密保護法の指定対象になると考えられている。

一体化はいやおうなくすすんでいる。日本とアメリカは、自由・人権・民主主義といった同じ価値を共有する同盟国というよりは、テクノロジー的な必要性によって結びついた同盟関係の性格を強めているのかもしれません。こうなると、人権や民主主義といった重要な政治的価値はむしろ後回しにされてしまう危険性もあります。

徹底されない文書主義

國分——あと、その他、懸念されている点としては、秘密指定された情報の公開までの期間の問題がありますよね。アメリカでは、秘密指定された情報は、最長でも二五年で公開される。特定秘密保護法では、秘密指定は最長六〇年で、場合によってはそれも超えることもできる。それにアメリカでは、政府から独立した機関であるアメリカ国立公文書記録管理局、いわゆる公文書館が情報をチェック、管理しているけれども、そういう機関は日本にはない。

大竹――二〇一三年一二月二〇日付の朝日新聞に掲載されたインタビューで憲法学者の長谷部恭男さん[注27]がいっているように、秘密を事前にリスト化することはたしかに無理で、第三者機関をつくっても結局は専門性のない素人によるチェックだから実効性はないという意見にも一理あります。ただ、何をもって秘密とするかという条件はできるだけ詳細に決めなければいけないと思います。

そもそも特定秘密保護法というと、秘密を守ることが主目的の法律であるかのようにイメージしますが、むしろ秘密の範囲が無際限に広がらないようにするところに秘密保全法制の役割がある。こうした法律があろうがなかろうが、国家の秘密なんてものは勝手にどんどん生まれます。法律で何が秘密かをはっきりと規定することで、かえって秘密の領域を限定することができる。この点が不十分だと、本来政府の活動をコントロールすべき法律が、みずから政府の無際限な自由を許容してしまうという倒錯した事態をもたらすことになります。法律というのは、国家にフリーハンドを与えるためのものではなく、あくまでその行為を縛るためのものでなくてはな

注27　一九五六年生まれ。早稲田大学法学学術院教授。著作に『法とは何か』、『憲法の円環』など。

らない。いちおう安倍晋三首相も国会でこのことをわかっているような答弁をしていますが、いまの法律のままでは不十分であることはたしかです。

——情報は公開が基本です。第三者機関は、秘密指定に関しては説明責任があることを示すために必要であり、秘密の肥大症をとめるという役割があると思います。

大竹——たしかにいまはそれが逆転していて、情報を秘密にするということが基本で、あたりさわりのない情報だけが部分的に公開されている。

國分——秘密に関してルールを定めたほうがいいというのは同感です。あと日本の場合は議事録が本当にいいかげんです。二〇一三年の特定秘密保護法についての委員会の採決の際も議事録がなかった。よく「メモ」が出てくるけれど、なぜ議事録を公開しないのか。アメリカでは、オバマが〝Hello everyone〟というところからすべてありのまま書いてます。

――警察、検察の調書ですら供述そのままではないですから。取調官が勝手に被疑者の一人称で「わたしは◯◯しました」と書いています。被疑者は刑事や検察官の質問に答えるというかたちで話しているはずなのに。それは記録として問題があると思います。

大竹――マックス・ヴェーバーの定義をもち出すまでもなく、近代官僚制は文書主義によって成り立っているはずなんですが、それでは近代官僚制ですらない。

國分――文書主義がまったく徹底されていない。

国家の利用

國分——大竹さんの「公開性の根源」を読んでから封建社会に関心をもって、このところ封建社会の研究をしているんです。これがすごくおもしろい。封建国家は、領域がなく契約だけで結びついているわけで、イメージ的にいうと、インターネットに近い世界なんですね。フランスの封建領主がドイツやイギリスの領主と契約で結びついていたりする。しかも、いちばん上にいるはずの王は力が弱くて、実効的な支配力をもっていない。マルク・ブロック[注28]の『封建社会』(一九四〇)がそのあたりのことを詳細に描いています。王がないがしろにされているわけではないですが、手をかざして病気を治すとか、そういった話ばかりが目立つ。

大竹——権力というよりは権威なんですよね。実際にはなんの力もないけれど、みんながそれを神のような奇跡的な存在としてありがた

注28 (一八八六—一九四四年) フランスの歴史学者。アナール学派の基礎を築く。著作に『封建社会』、『王の奇跡』など。

がる。

國分——そうなんです。王政のほうが封建体制よりも古いので権威はある。ところが、実効的に支配しているわけではなく、各地の封建諸侯の微妙なパワーバランスで秩序が成り立っている。そこに宗教的規範も絡み、非常に重層的で複雑な秩序が構成されていたわけですね。けれども、それは微妙な関係で成立しているものだから、ある意味でもろい。大竹さんの「公開性の根源」でも何度も確認されていたように、宗教的規範の崩落をひとつのきっかけとして、ヨーロッパ社会は近代初期に大規模な宗派内戦に突入し、ボロボロになる。絶対主義国家はそれに対する対応策として出てきた。ネットワーク型ではなくて、中央集権型で秩序をつくろうとしたわけです。

封建体制は日本にもヨーロッパにも生まれました。マルク・ブロックは、日本の封建制とヨーロッパの封建制には基本的に相違点はないといっています。封建的秩序には、ある種の普遍性があるのかもしれません。そうすると、いまの世界秩序がどこか封建制的なものに回帰しているのではないかという気がしてくるんです。主権国家の領域を無視するかたちで、特に経済の領域では、無数のエージェントが技術と契約のつながりだけで秩序をつくっている。グローバル社会というのは、封建社会に似ているんじゃないだろうか。

大竹――それは肯定的に評価しているんですか。

國分――いえ、肯定的に評価しているわけではなくて、そういった現状認識があると、領域主権国家の役割が今後どうなるのかがよりよく見えてくるのではないかということです。というのも、もしかすると僕らが知っている近代国家の時代というのは、封建国家の時代と、グローバリゼーション下で国家主権が脅かされる時代とに挟まれた例外的な時代かもしれないとすら考えられるわけです。封建制のほうがずっと長いわけですから。あるときから無理して主権国家を維持していたけれども、もう一度封建的なものに回帰しているのかもしれない。

大竹――たしかに近代主権国家自体が歴史的に見れば、過渡的な制度なのかもしれません。そもそも近代国家は、貨幣経済の発達と連動するかたちで成立しました。貨幣経済が未発達だった中世の封建社会は労働地代や現物地代が主でしたが、これでは遠隔地から多額の税を集めることはできない。しかし、貨幣経済がすすんで納税が貨幣でおこなわれるようになると、より広い地域から徴税できるようになり、中央集権的な国家を形成することが可能になった。けれども、その貨幣経済が国家を超えつつあるのが現代です。貨幣経済を「租税国家」というかたちで飼い慣らしていたのが近代国家だったわけですが、タックス・ヘイブン[注29]などの問題に見られるように、それがもはやできなくなりつつある。

國分――そうですね、その破綻しつつある近代国家にどう向き合うのかが本当に問われていると思います。近代国家など終わってしまえばいいという発想が戦後の一部の左翼にあったと思いますが、たとえば福祉の問題を考えたときには、国家という統治秩序がもつ再分

注29　課税が軽減・免除される国や地域のこと。

配機能を利用しないわけにはいかないでしょう。すると、国家をどう利用していくか、活用していくかという大きな問題に取り組まざるをえない。

そのとき、「政治の公開性」の原理は、近代が勝ちえた、国家を暴走させないための知恵だといえると思います。先ほど、公開性の原理を使い、放っておくと肥大化する国家・行政を監視し、適宜ダイエットさせるという話をしましたが、そうやって国家の必要な側面をうまく機能させるという視点が欠かせません。そうでないと「契約していないひとはどうなっても知りません」という、封建社会の負の側面を極大化したような社会になってしまう。そして実際、そのようになりつつあるという懸念もあります。

大竹——ドイツの左翼政党である社会民主党はそのあたりに自覚的で、少なくとも一九五九年のバート・ゴーデスベルク綱領[注30]でマルクス主義の革命路線を放棄してからは、社会福祉的な改良をすすめるにあたっての国家権力の重要性を認めています。国家をいかにして

注30　ドイツの社会民主党の一九五九年から一九八九年までの綱領。一九二五年のハイデルベルク綱領を破棄し、階級闘争を正式に放棄したことで知られる。

福祉のための装置にするかが問題なのに、日本の左翼は往々にして国家を否定する立場ばかりが目立っている。国家主義的な左翼がいない。

國分——ヨーロッパにはそういう考えが広くありますね。フランス左翼学生にとって「リベラル」というのは悪口なんです。新自由主義者、市場原理主義者という意味ですから。日本では「リベラル」は単なる良心の問題になっていて、なんの実質もない。フランスで感心したのは、変に分権化すると平等が損なわれるという考えでした。たとえば、バカロレア制度という統一試験制度に平常点、つまり試験以外の普段の成績を加味するという改革案が示されたときも、平常点には地域差が出るからダメだという強い反対運動が起こりました。教育については、ナショナルに統一された基準があって、それにあわせて国家が運営しなければならないという強い考えがある。日本にはこういう考えがあまり浸透してませんね。

大竹—国家がないとナショナル・ミニマム注31を維持することができなくなりかねませんからね。

國分—国家がないと最低水準が維持できない分野というのはやはりあると思いますね。

グローバル時代の国家論

國分—サスキア・サッセン注32が指摘しているんですが、グローバル化のもとでは、対応しなければならない課題についていちいち民主的に意見を汲み上げてはいられないという論理があり、これが行政の論理にぴったり適合している。行政が即座に決めていかないと対応できないという話ですね。これはシュミットの三〇年代の思想にもつながる、古くからある問題ですが、それが先鋭化せざるをえない時代になっているというのはたしかでしょうね。

注31　国家が国民に対して保障する生活の最低水準のこと。

注32　一九四九年生まれ。アルゼンチンの社会学者。コロンビア大学教授。著作に『グローバル・シティ』、『グローバリゼーションの時代』など。

大竹——歴史的に見れば、かつての国際関係というのは、たとえ帝国主義の時代であったとしても、単に力だけがものをいう世界というわけではありませんでした。さっきいったように、国際関係というものは基本的に国家どうしの関係として想定されていた。そして、その場合に国際法の独立した主体として認められる国家とは、国内において近代的な立憲主義体制を整えている国のことです。だから日本は明治時代にあれほど必死になって、かたちだけでも立憲国家としての体裁を整えようとした。文明化された国際関係とは、きちんと近代的な立憲主義を採用している国々の共同体だったわけです。シュミットは、平等な国際法共同体というものは、国内の政治体制が同じ国々のあいだでのみ成り立つといっています。

ところがこういう前提は、いまの国際関係では大きく変わってしまったように思えます。最近の日本の外交では、中国に対抗する必要からでしょうか、「価値観外交」などということがしばしばいわれています。つまり、日本やアメリカのように、人権や民主主義といった価値観を共有する国どうしでの外交関係を優先的に強化していくというものです。でも実際には、アメリカにとっては日本よりも、中国のほうがますます重要度を増している。そして、安倍首相が本当にアメリカと価値観を共有しているかはともかく、日本とアメリカの結びつきは、むしろ軍事上・経済上の利便的な同盟関係という性格を強めているように思えます。同じ政治体制や価値観によって結びつくというよりは、テクノロジーの発展や経済のグローバル化に対処するためのさまざまな必要性によって国どうしがつながるようになっている。

ＥＵ統合についてみても、国家間の憎悪を乗り越えて、戦争の惨禍を二度と繰り返さない平和なヨーロッパを建設するという美しい物語がありますが、むしろ九〇年代以降は、経済のグローバル化にあわせた新自由主義的な政策関心のもとで統合がすすめられているという側面がある。民主主義のような価値のもとで国家が結びつくことが、だんだんむずかしくなっていると思います。

國分——僕としては、いま大竹さんがおっしゃったアメリカとの軍事上・経済上の利便的な同盟関係の問題点がもう少し日本で理解されていいという思いがあります。TPP（**環太平洋戦略的経済連携協定**）で日本の市場はどうなるかわからない。日本郵政株式会社も、株式を一般公開したらアメリカ資本に乗っ取られることも考えられる。さらに、NSC（**国家安全保障会議**）をつくれば自衛隊もアメリカに使われる可能性が高い。化学兵器保持とかを理由にどこか遠くの国に軍事介入したアメリカが、自国兵を殺せないもんだから、「うちは空爆を担当するから、自衛隊は地上部隊をお願いします」なんて日本に注文してくることも十分に考えられます。本当は保守派こそがこれに怒っていいはずですが。

大竹――反米保守も風前の灯火ですね。

國分――大竹さんは、ドイツのナショナリストでもある詩人シュテファン・ゲオルゲ[注33]を中心に集まった「ゲオルゲ・サークル」[注34]に対してやや批判的に言及されていますが、ああいうものがいまの日本にあ

注33（一八六八―一九三三年）ドイツの詩人。著作に『魂の四季』など。

ってもいいんじゃないかなと思うぐらいなんです。

大竹——「公開性の根源」でもちょっと触れましたが、ゲオルゲ・サークルの一員に、のちに一九四四年七月二〇日のヒトラー暗殺未遂事件の主犯となるクラウス・フォン・シュタウフェンベルクがいました。これは基本的に保守派の軍人によってくわだてられたクーデタで、ドイツの敗色が濃くなってからようやく起こった事件だから、あまり美化するのもどうかと思います。でも、日本にはこのくらいの保守派のひともいなくなっていますからね。

國分——大竹さんが第一回連載で指摘しているように、ゲオルゲ・サークルの思想にもファシズムと一定の親和性がある。けれども、そこからエルンスト・カントロヴィッチ[注35]が登場してきて、自分の若いころのナショナリスティックな傾向を『王の二つの身体』（一九五七）で反省したりするわけでしょう。高レベルだなと思います。

注34　一八九〇年代初めドイツにおいてゲオルゲの周囲に集まった詩人、芸術家、学者のサークル。

注35　（一八九五—一九六三年）ドイツの歴史家。ナチス政権成立後アメリカに亡命。著作に『王の二つの身体』など。

国家の役割の組み替え

國分—少し前に、フランスがアマゾンなどのネット書店に規制をかける法律をつくりましたが、ある程度、国家にやれるところも残っていると思います。フランスなどの中央集権的な国家はグローバル化にアレルギーがある。グローバル化にシンパシーをもっていたサルコジは大統領に当選したけれど、早々に退陣した。現在はオランドという党官僚みたいな人間がなりましたが、高い税金を課したりしています。だから、国家にできることはまだあると思うんです。

大竹—ただ、原発のような大規模で高度に専門的な技術は、中央集権的な国家のもとで成り立つわけですよね。再生可能エネルギーの普及によってエネルギーの地産地消をはかるとすれば、地方分権的なかたちになる。さっきいったことを否定するようだけど、国家という中央集権的な組織だけに頼っていいのかという問題はやはり残ります。統治の分権化というのも考えないといけない。

國分——まさにそうだと思います。実際、フランスはものすごい原発大国なわけです。

大竹——それは中央集権国家であることと関連している。

國分——あれは植民地主義とも関係があって、アルジェリアを手放して以降、石油に頼れないから自前でやらないといけないという考えが出てきて、原発推進に突きすすんでいったようです。

大竹——ドイツでもっとも原発がつくられたのは七〇年代で、左翼の社会民主党政権時代です。オイルショックによる石油不足のなかで、それでも経済成長や雇用を維持しようとして、原発に頼らざるをえなくなった。支持母体が労働組合ですし。アンドレ・ゴルツ[注36]のようなひとが社会主義からエコロジズムへと向かったのは、社会主

注36 （一九二三—二〇〇七年）フランスの社会哲学者。著作に『資本主義・社会主義・エコロジー』、『労働のメタモルフォーズ』など。

義のもとでは結局、中央集権的なテクノクラシーの発想から逃れられないと考えたからでしょう。

國分——そもそも社会主義の発想は超中央集権的なものですからね。国家の役割の組み替えが必要だと思う。国家だからいいとか国家だから悪いという雑な問題設定ではもうどうにもならない。

大竹——そうです。どの機能を残し、どの機能をやめるかと考えないといけない。

國分——福祉や教育はやはり国家と切り離せないのではないでしょうか。近代教育というのは国民のためにつくられた制度で、金持ちだけではなく、みんなに教育を行きわたらせる制度です。国家のどこを肯定して、どこを変えていくかを具体的に考えないといけないですね。国家を否定しているだけじゃダメです。あと、国家がなくなるという九〇年代の妄想もやめないと。

大竹——九〇年代当時の思想界の言説では、しばしば「国家」と「国民」が混同されて、近代国家はもっぱら「国民」というイデオロギーの産物としてのみとらえられていたように思います。ひとびとを同質化している「国民」理念の虚構性さえ批判すれば、やがて国家権力もなくなっていくはずだと。そうしたイデオロギー批判の重要性を否定するわけではありませんが、その際にはしばしば、国家が物理的・制度的につくり上げられた統治機構であるという事実が見逃されてしまったのではないでしょうか。

國分——大竹さんの「公開性の根源」を読みながら、「統治」という言葉が新鮮に響きました。ミシェル・フーコー[注37]は晩年に「統治性」の概念を論じましたが、これも多くの場合、民衆を統計的に把握・支配する「生政治」の概念に切り詰められて理解されていたと思います。

それに対して大竹さんは、「主権vs統治」というかたちで問題を組み立て直した。すなわち、主権とは政治における最終的な決定権

注37 （一九二六—一九八四年）フランスの哲学者。著作に『言葉と物』、『知の考古学』など。

であり、その決定にもとづいて統治がおこなわれるというのが近代の建前であり理想であったけれども、そもそもそれは可能であるのかという問いですね。実際、現在では、統治が主権の手を逃れて自律的に作用するという事態が常態化しつつあるのではないか。

本書のこのあとの対話も、現在と歴史を行き来しながら、統治と主権の問題をめぐって交わされていくことになると思います。

第二章

「解釈改憲」から戦前ドイツへ

「解釈改憲」の意味

國分――二〇一四年七月一日、政府は閣議決定というかたちで、現行の憲法のもとでも集団的自衛権の行使が限定的に容認されるという解釈を示しました。いわゆる「解釈改憲」です。

「解釈を示した」といっても閣僚たちが部屋に集まって、一五分ぐらいで文書にサインしただけです。簡単にいえば、「政府はこれからこういう考えで法律をつくっていくからよろしくね」という宣言をした。

日本の政府は、自衛のための武力行使は憲法によっても否定されていないという解釈を六〇年間維持してきました。国際法の用語でいえば、これは、個別的自衛権の行使は憲法九条と矛盾しないという解釈だといえます。

これまでのこの解釈も、憲法解釈としては妥当性のライン上ギリギリのものだと思います。自衛隊が違憲状態にあると考える憲法学者はいまも少なくないわけですから。だとすれば、自分たちは攻撃されてもいないのに、攻撃された国と一緒になって相手国に反撃する集団的自衛なるものが憲法に違反することは明白です。その行使を認めてしまったら、完全に憲法の文言を無視することになる。その意味でこの閣議決定は「憲法の破壊」というべき事態であろうと考えます。

大竹――一般に「解釈改憲」といわれているこの集団的自衛権の行使容認は、法と法の運用とのあいだのむずかしい関係に関わっていると思います。たしかに本来の改正手続きなしに憲法の実質的な内容が変えられてしまうのは、「憲法の破壊」といえるかもしれません。ただ問題なのは、理論的に見れば、憲法そのものは自分がそのような――場合によっては恣意的な――解釈によって破壊されることを防ぐことができないということです。

どういうことかというと、そもそも法というものは単に制定されただけでは意味がありません。法の条文が実際にさまざまな具体的ケースに即して解釈され、執行されなければ、法が効力をもっているとはいえないわけです。ですので、たしかに法はまず制定されたあとで運用されるわけですから、法の制定という行為が何よりも重要だというのは当たり前の考えにも思えますが、しかし法の解釈と執行もそれに劣らず重要です。あるいは、法の制定以上に法の運用のほうが重要だといっていいかもしれません。なぜなら、結局のところ、ある法がどういう性格の法であるかは、書かれている条文そのものではなく、その条文がどういうふうに運用されていくかによって決まるわけですから。極端にいえば、日々の運用のなかで、法はたえず新たに制定され続けているとさえいうことができます。

法についてのこうした考え方には、長い哲学的伝統があります。たとえば、一六世紀のフランスの思想家ミシェル・ド・モンテーニュ[注1]は高等法院で法官をつとめた人物ですが、その彼も「法律の解釈には法律の起草と同じくらい広く自由の余地がある」[注2]と嘆いています。いくら細かく法律をつくったとしても、人間たちの行為の無限の多様さは決して網羅できないので、実際の判決においては、裁

注1　（一五三三—一五九二年）一六世紀を代表するフランスの思想家。著作に『エセー』など。

注2　ミシェル・ド・モンテーニュ

判官が自由に法律を解釈することが避けられないというわけです。モンテーニュは法律の数を増やそうとする立法者の努力は無意味だと断じていますが、そこまでいわなくても、法の制定に劣らず重要な意味を法の適用に見出そうとする思想家は数多くいます。ヴァルター・ベンヤミン[注3]は「暴力批判論」(一九二一)で、「法を措定する」行為は「法を維持する」行為としばしば区別できないほど絡みあっていると指摘していますし[注4]、これとの関連でジャック・デリダ[注5]もまた、「適用可能性のない法というものはない」[注6]と述べています。

要するに、「法」と「力」というものは単純に対立しているわけではありません。力が法をつくったり踏みにじったりする、あるいは法が力を抑えるというよりも、法そのもののなかに法を踏み超えていくような力の可能性が内在しているということです。法が法として効力をもつためには、解釈され、執行されないといけないけれど、それによってかえって法の本来の趣旨から逸脱することがありうるわけです。そして、法そのものはこれをどうすることもできない。どんなに多く、どんなに細かく法をつくったとしても、当の法

「経験について」『エセーI——人間とはなにか』荒木昭太郎訳、中央公論新社、二〇〇二年、三二三頁。(大竹)

注3　(一八九二—一九四〇年)ドイツの思想家。ナチスから逃亡中スペインで服毒自殺。著作に『複製技術時代の芸術』、『パサージュ論』など。

注4　ヴァルター・ベンヤミン「暴力批判論」『ドイツ悲劇の根源(下)』浅井健二郎訳、ちくま学芸文庫、一九九九年。(大竹)

注5　(一九三〇—二〇〇四年)フランスの哲学者。脱構築で知られる。著作に『グラマトロジーについて』、『エクリチュールと差異』など。

はみずからがどのように運用されるかをあらかじめ決めることができません。法は適用の力を不可欠としています。しかし、この力は法を効力あるものにすると同時に、法を裏切りもするわけです。

法にしたがって行為することで法を踏み超えてしまうというパラドクスは、哲学ではすでに繰り返し扱われている問題ですね。文学的に見れば「悲劇」の問題ですし、あるいはカフカの作品などにも典型的にあらわれていますが。

國分――法の運用は法の制定以上に重要かもしれないというのは非常に大切な指摘だと思います。シュミットはもちろんですが、モンテーニュもそういっていた。またベンヤミンやデリダも法のそのような性格を重視した。けれども、どうもこの論点はあまりよく理解されていない気がします。実は僕が専門にしているジル・ドゥルーズもこの点を重視していて、あるインタビューのなかでは、「私が関心をもっているのは、法一般でも個々の具体的な法律でもなくて、法解釈である。実際に法をつくり出すのは法解釈なのだから、これ

注6　ジャック・デリダ『法の力』堅田研一訳、法政大学出版局、一九九九年、一二頁。（大竹）

をひとり判事の手に委ねておくわけにはいかない」[注7]と述べています。ドゥルーズはもともと哲学でなければ法学がやりたかったらしくて、法について非常に強い関心をもっていた哲学者ですけれど、なかでも彼がいちばん関心をもっていたのは法解釈、すなわち法の適用の問題だった。そもそもドゥルーズが最初に研究したのは、社会や法を慣習の観点から論じたデイヴィッド・ヒュームの哲学ですからね。

実際に法をつくり出すのは法解釈である。だから現政府による解釈改憲に際してわれわれは、法がもっている本質的な性質の問題に直面したということなのだろうと思います。つまり大竹さんが指摘した通り、たしかに今回の解釈改憲を「憲法の破壊」と呼ぶことはできるだろうが、憲法そのものは、原理的にはそうした「破壊」を斥けられない。すると、法解釈を「ひとり判事の手に委ねておくわけにはいかない」というドゥルーズの呼びかけはいまの日本ではこれまでになく重要なものとしてあらわれてきます。これを政府に委ねておくわけにはいかない。民主的な手続きで憲法の解釈に介入し

注7　ジル・ドゥルーズ『記号と事件　1972-1990年の対話』宮林寛訳、河出文庫、二〇〇七年、三四〇頁。(國分)

ていかなければならない。具体的には選挙ということになるでしょうが。

大竹――もちろん誤解のないようにいっておくと、法は解釈されないと実際に使えるようにならないから、現実にあわせて憲法の解釈がどんどん変更されるのはやむをえないなどといいたいわけではありません。法によって規定することは無理だとしても、なんらかの仕方で解釈の行き過ぎには歯止めをかけなければいけません。現実の問題にうまく対処できさえすれば、法をどんなふうに解釈・運用してもいいというのでは、現実を律するルールとしての法の役割を放棄するにも等しい。

実のところ、カール・シュミットは法の解釈や運用というものの重要性に着目しつつ、ある意味でそれをもっとも悪いやり方で現実の政治に応用しようとしたひとです。前に三〇年代のシュミットの行政国家論について触れましたが、要するに彼が目指したのは、執行権に幅広い裁量の余地を認めて、法律を柔軟に解釈・運用してもらうことで、世界恐慌による経済・社会混乱にできるだけ迅速に対処できるようにしようということでした。いちいち法律を制定するよりも、そのほうが効率がいいですからね。しかし、述べたように、それが結果として法治国家を破壊するような理論へとつながってしまうわけです。

このシュミットの構想は同時代のドイツの政治状況をそのまま反映しています。世界恐慌のさなかの三〇年にハインリヒ・ブリューニング[注8]内閣というのが成立しますが、これがまさにシュミットの行政国家論を地でいくようなことをするわけです。この内閣は少数与党内閣だったので、議会で簡単に法案を通すことができませんでした。そこでブリューニングが利用したのが、有名なヴァイマル憲法第四八条の大統領緊急命令権です。議会で立法をおこなう代わりに、大統領の名で公布される行政命令を使って政治運営をすすめるわけです。こうして本来は単に法の適用をおこなっているはずの行政権力が、当の法律にとって代わるような役割を果たすことになります。こうした大統領緊急命令の濫用が結局は法の支配を骨抜きにし

注8 （一八八五—一九七〇年）ドイツの政治家。一九三〇年から三二年ヴァイマル共和国首相をつとめる。

てしまい、ナチス政権への道を開いてしまうわけです。

実際、立法によってではなく、法律の運用によって事態に対処するほうが都合がいい面もあることはたしかです。特に三〇年代の世界恐慌のような経済危機、あるいは、戦争や内乱のような安全保障上の危機の場合は特にそうです。しかしながら、目の前にある問題を目的合理的にうまく処理できるからといって、それだけで権力行使に正統性が与えられるべきではないでしょう。単にそうした理由だけで、法を過度に自由に解釈・運用するテクノクラシーを許すなら、それは大きな政治的代償を支払うことになると思います。まさにブリューニング内閣の政治運営に慣らされることによって、ひとびとがナチスのような権威主義的な支配への抵抗感を失ってしまったように。

憲法という国家の根本規範に関わる場合は特にそうです。もし憲法の根幹に触れるような変更を、国民の意思を確認する手続きなしに、行政機関の決定だけで済ますとしたら、国の基本原則をみずから決定するという、民主国家に不可欠の国民の政治意識を大きく傷つけることになると思います。さんざんいわれていることですが、もし今回のような変更をするならば、正式な憲法改正手続きを通じて国民投票を経るのが筋でしょうね。

「集団的自衛権」の本質

國分――少し情勢論的な話をすると、安倍首相や彼を支持する政治家、そして一部の世論がもっている憲法についての意識というのは、戦後の憲法体制に対する単なる憎悪としか理解できない側面があるんですね。

一方では、有事に備えて防衛力を高めねばならないというようなことがまことしやかに主張されている。けれども、本気で防衛力を高めたいならば、いまの憲法のもとでも法律をつくってやれることがたくさんある。「非戦闘地域」というこじつけのような理屈でイラクにまで自衛隊を派遣した経験があるわけですから、日本の近くでの有事に備えるという口実があれば、現行の憲法解釈の範囲でも防衛力を高めるための法律をつくることは可能でしょうし、それならば世論の支持もえられるはずです。たとえば有事の邦人輸送が課題であるならば、それを可能にする法律をつくればいい。しかし、そうしたことが熱心に取り組まれたわけではない。

他方、今回の閣議決定の内容を見ると、これのどこが集団的自衛権なのかがよくわからないものになっています。現行の憲法のもとでも集団的自衛権の限定的行使ならば容認されるというのがその内容であるわけですが、「限定」というのはどういうことかというと、日本に対する武力攻撃の明白な危険がなければ行使できないという意味なんですね。でも、これは個別的自衛権の対象です。だからこそ政府は、集団的自衛権の行使に歯止めがかけてあると強く主張している。もちろん、そんな歯止めは簡単に拡大解釈されてしまうでしょうが、その問題よりもまず問いたいのは、安倍首相や、彼を支持する政治家、メディア、そして一部の世論は、なぜそんな中途半端なものを受け入れるのかということです。日本の安全を守るために集団的自衛権が本当に必要であるのなら、あのような案では不十分なはずです。「日本を守るために集団的自衛権が必要」と主張していたひとたちは、なぜ「これではまったく不十分だ」と批判しないのか。

つまり、安全保障が問題だといいながら、安全保障が正面から考えられていたわけではない。集団的自衛権が必要だといいながら、出てきたものは集団的自衛権なのかどうかよくわからないものになっている。

要するに、今回の「解釈改憲」において目指されていたのが、集団的自衛権の行使そのものというよりも、「集団的自衛権」を認める憲法解釈の変更それ自体であったということだと思います。現行の憲法、戦後の憲法体制、それが憎くて仕方がない。それをなんとしても変えたい。何かのためではなくて、ただ変えたい。憲法学者の樋口陽一さん[注9]はこのような安倍首相の態度を「憲法へのニヒリズム」と呼んでいましたが、まさにその通りだと思います[注10]。

だいたい解釈改憲の二年ぐらい前には、安倍首相は「憲法を国民の手に取り戻す」というスローガンのもと、憲法改正の手続きを定

注9　一九三四年生まれ。日本の法学者。専門は比較憲法学。著作に『いま、「憲法」は時代遅れか』、『いま、「憲法改正」をどう考えるか』など。

めた九六条の改正を主張していました。しかし、それが総スカンをくらった。改正条件を変えてしまうなんてのは裏技みたいなものですからね。そして、そんなスローガンなどまるで存在していなかったかのように、今度は解釈改憲です。露骨すぎる。結局、日本の安全保障のために解釈改憲がおこなわれたのではなくて、解釈改憲のために、みんなが反対しにくい日本の安全保障の話がもち出されたということなのだろうと思います。とにかく憲法を変えたい。憲法そのものが変えられないのなら、解釈だけでもいいから変えたい。それを実現するためなら、「憲法を国民の手に取り戻す」というスローガンだろうと、日本の安全保障であろうと、利用できるものはなんでも利用する。

大竹——たしかに、時代情勢にあわせて憲法解釈を変えるというよりも、憲法解釈を変えること自体が自己目的化してしまっているようなところがありますね。「我が国を取り巻く安全保障環境の変化」というけれど、では実際にどういう安全保障上のリスクが想定され

注10 「憲法学の長老、樋口陽一さんに聞く」『朝日新聞』二〇一四年八月二日付。（國分）

るかという説明になると、その際にもち出される具体例にいまいち現実味がなかったりする。結局のところ、安全保障以外のところに目的があったのではと邪推されてもおかしくありませんね。

國分――もちろん、集団的自衛権を本当に行使できるようになりたいという勢力はあります。そうした勢力は安倍首相がつくり出したこの流れに便乗した。とはいえまずは、「改憲」が自己目的化しているという事態を理解する必要があると思います。そうしないと、政府が提示した、集団的自衛権が必要とされる非現実的なケースに関する神学論争みたいなものに巻き込まれて、今回の事態の中心にあるものが見えなくなってしまう。

立憲主義に対する反発

大竹――「戦後レジームからの脱却」を目指す安倍首相個人の情念が多分に反映していることもたしかでしょうね。ところで、首相は国会答弁で「憲法解釈に責任をもつのは内閣法制局長官ではなく、選挙で国民の審判を受けるこの私だ」といった趣旨の発言をして（二〇一四年二月一二日・衆議院予算委員会）、これもずいぶんと叩かれましたが、僕個人としてはここには立憲主義と民主主義の関係という点から見て無視できない論点があると思っています。安倍首相はずいぶん前から、内閣法制局という政治から独立した専門機関の存在を苦々しく思っていたようです。なんとか法制局に介入する機会をうかがっていて、故小松一郎長官人事でようやくその機会をえたわけですが、しかし、一部の専門家が憲法解釈を独占することへの反感は安倍首相に限らないと思います。もちろん、決して首相の発言を擁護するわけではありませんが。

國分――大竹さんが安倍首相のその発言を「立憲デモクラシーの会」[注11]の講演で分析していますが、これは実に興味深いものでした。[注12]僕なりに少し敷衍しながら紹介させてください。まず、立憲主義の原則から見れば、あの発言は問題含みだし、まさしく短慮としかいいよ

注11　安倍内閣が憲法解釈の変更で集団的自衛権の行使容認を目指したことを受け、憲法学者の奥平康弘、政治学者の山口二郎を共同代表として、二〇一四年四月に設立された。

うがない。権力行使に硬性の憲法典であらかじめ制限をかけておく仕組み、あるいは、いかなる権力も制限されるとする思想、それが立憲主義ですけれども、それを端的に無視している。というか、よく知らないのかもしれません。

けれども、そこにいかなる気持ちが働いているのかは想像できる。すなわち、「自分は選挙で民主主義的に選ばれているのだ、その自分が物事を決めて何が悪いのか」という気持ちです。民衆が〈下から〉権力をつくり出すのが民主主義だとすれば、安倍首相には、自分はそうした力を背景にしているのだという意識がある。

そもそも、立憲主義というのは権力に対する〈上から〉の規制ですから、民衆が〈下から〉権力をつくり出す民主主義の仕組みとは、原理上、その方向性を異にしています。立憲主義と民主主義は必ずしも一致するものではない。しかも、両者の関係というのは理論的にも実は未解決のままなんですね。

大竹――教科書的な話で恐縮ですが、一七世紀から一八世紀に絶対王

注12　大竹弘二「「民主的立憲国家」は生き残れるのか?――政治理論的視点から見た「解釈改憲」問題」『atプラス21』二〇一四年八月、三〇～四〇頁、および、大竹弘二「「民主的立憲国家」は生き残れるのか」立憲デモクラシーの会編『私たちは政治の暴走を許すのか』岩波書店、二〇一四年、三七～四六頁。(國分)

権との闘いのなかから生まれた近代立憲主義は、もともとは恣意的な権力行使から個人の自由と権利を守るためのものでした。個人の権利が国家権力によって侵害されないようにするために、国家権力を憲法というルールにしたがわせ、拘束するわけです。そこで目指されていたのは、権力の干渉にさらされることなく個人が自由に活動できるようになることです。要するに、それは「自由主義」の原理だということができます。言葉を換えれば、その核心は「権力からの自由」にあります。立憲主義とは権力行使の制限を意味するという憲法学者のひとたちのコンセンサスは、おおむねこうした考えにそったものです。

しかしながら民主主義は、単に個人が国家権力から自由であることではなく、ひとびとが国家権力に参加することです。つまりそれは「権力への自由」にもとづいています。ですので、立憲主義だけでは民主主義を実現するには十分ではありません。歴史的に見ても、近代民主主義の発生は一八世紀から一九世紀で、それは立憲主義にあとから付け加わってきたものです。それでようやく「民主的立憲国家」が成立するわけです。

しかし、立憲主義と民主主義はもともとは別の原理です。ですからそこに矛盾も生まれます。権力行使が民主的な意思決定によってなされた場合でも、それは憲法によって制限されるべきなのか。もし憲法が主権者たる国民の意思をも制限するとしたら、それは民主主義とはいえないのではないか。このように民主主義と立憲主義とが齟齬をきたすことがあるわけです。

國分——大竹さんは、それを確認されたうえで、立憲主義と民主主義のどちらかをどちらかに優先させるのではダメだと主張された。そのことを、カントの有名な言葉をもじって、「民主主義なき立憲主義は空虚であり、立憲主義なき民主主義は盲目である」とも表現されていました。

上から目線で「立憲主義」を押しつけるだけでは、ルサンチマン混じりのポピュリズム的反発にむしろ燃料を投下することになってしまう。もちろん、そうした反発に「民主主義」の名を語らせてはならないのであって、民主主義を政治的なものとして救い出さねばならない。

大竹——民主主義が暴走するのもたしかに危ないわけです。旧共産主義国家の「民主集中制」なんかに典型的ですが、民主主義の名のもとに立憲主義も権力分立もないがしろにされることもある。もちろん現実には多くの国が「民主的立憲国家」として、立憲主義と民主主義のあいだでバランスをとってきたけれど、両者の関係が完全に整理されたわけではない。「立憲民主主義《デモクラシー》」とはいってもなかなかむずかしいですね。「立憲デモクラシーの会」に関わっておいていうのもなんだけれど。

國分——いやいや、僕らふたりとも「立憲デモクラシーの会」の呼びかけ人になっていますが、まさしく会の課題を正面から受け止めているということでしょう。「立憲民主主義《デモクラシー》」というのは、それを運用していくひとびとに問いを投げかけ続ける政体なんだと思う。とはいえ、「民主主義なき立憲主義は空虚であり、立憲主義なき民主主義は盲目である」という大竹さんの定式は、答えとまではいわないけれども、これを位置づけるにあたってのひとつの準拠軸になるものだと思う。

大竹――立憲主義に関していうと、少なくともそれが政治からの疎外感を国民に抱かせるようなかたちで機能してはいけないと思います。たとえば、憲法は国民の意思の体現であるはずですが、その実際の解釈と運用が一般国民の手に届かない一部の法律専門家によって決められると、国民が実質的に憲法から排除されてしまうという問題が生じるわけです。

この問題は、内閣法制局であろうが、あるいは「憲法裁判所」のようなものをおこうが、本質的には解決されないでしょう。憲法裁判所とは、たとえばドイツに設置されていますが、議会でつくった法律が憲法に適合しているかどうかを審査する司法の専門家集団です。日本の内閣法制局と同じく、いわゆる「憲法の番人」の役割を果たしています。先に旧「日本維新の会」が憲法裁判所の設置を提言したということもあって、東京・中日新聞が紙面を割いて日本での憲法裁判所の可能性について特集していましたね（二〇一四年四月一五日付）。そこで期待されているのは、憲法裁判所がそのときどきの政権による恣意的な憲法解釈を防ぐ防波堤になりうるということのようです。

しかし、ドイツにおいても、憲法裁判所という制度はなんの疑問なく受け入れられてきたわけではありません。つまり、少数の司法専門家である憲法裁判所の判事が、国民の選挙を通じて選ばれた議会のつくる法律の是非を判断するというのは、民主主義の観点から見てどう正当化されるのか。立法府による判断と憲法裁判所による判断のどちらにより高次の正統性があるのか。ここでは司法と立法とのあいだに正統性をめぐる競合関係が生まれてしまうということが、主に左派系のドイツの法哲学者たちによって指摘されてきたわけです。

ですので、安倍首相のような行政府の長が「自分が憲法解釈に責任をもつ」などと主張するのが危ういことなのはいうまでもありません が、憲法裁判所のような司法機関にそうした「憲法の番人」の役割を託したとしても、問題が完全に解決するわけではありません。もちろん、憲法の解釈がそのときどきの政治に左右されては、法的安定性が失われてしまうわけですから、専門家が憲法解釈の一貫性を保障することは必要です。しかし、法的安定性と民主的な正統性は別の問題です。内閣法制局であれ、憲法裁判所であれ、「憲法の番人」としての法律の専門家集団の存在は、民主主義と原理的にどう両立させることができるのか。民主主義国家における立憲主義の役割を考えさせるようなケースだと思います。

ヴァイマルからナチスへ 1

國分――今回の一連の報道ではさかんに「立憲主義」という言葉が用いられました。立憲主義というのは、憲法がある国ならどこでも守っている当たり前の前提であって、そうした原理原則が話題になること自体が現状の異常さを示していると思います。

先ほど大竹さんは戦前のドイツ政治に触れましたが、それはまさにいまの日本について考える手がかりになるのではないか。「いまの日本とナチス登場前夜のドイツは似ている」と安易にいうつもりはありませんが、法の支配の弱体化、差別的言動や行動の蔓延、中間層の衰弱など、現代日本のことを考えていると、どうしてもナチス登場前夜のドイツが思い起こされてしまいます。

ナチスは一九二〇年代、三〇年代に、自分たちこそが民衆の意思を体現するものだと大手を振って登場し、そこからさまざまな手段を使って憲法支配を骨抜きにしていった。法の支配、広い意味での立憲主義が先鋭的なかたちで問い直されたのがこの時代だったと思います。また、よくいわれるように、民主主義の危うさが最悪のかたちで露呈したのもこれらの時期でしょう。立憲主義と民主主義が問い直されているいまこそ、この時期のドイツについてもう一度知識と認識を深める必要があると思います。

大竹――ナチスによる立憲体制の破壊についてはさまざまなことがいわれていますが、よく指摘されるのは、ナチスはヴァイマル憲法を完全に合憲的な仕方で転覆してしまったというものです。実際には突撃隊などによる非合法な暴力もずいぶん用いられたので、それがまったくの事実だとはいえませんが、しかしナチスが権力を握る過程のなかで、さまざまな法律上の仕組みが当の法律を転覆するために利用されてしまったのもたしかです。シュミットはまさにこれを「合法的革命」と呼んで定式化しました。法秩序は合法的に破壊されることがありうるというわけです。それは、法律というものは、たとえその文言自体が公平無私であったとしても、その解釈や運用を通じて、ある党派に有利なように政治利用されることがあるからです。

シュミットは社会主義政党の穏健な議会主義路線にまでこうした「合法的革命」の危険を見ていてほとんど陰謀論的なんだけど、さしあたり重要なのは、彼が法の解釈と運用という契機を重視している点です。実はシュミットはこうした問題意識を若いころからずっともち続けていました。たとえば、彼の最初期の著作『法律と判決』(一九一二)ですが、僕はこれがシュミットのなかで最重要といってもよい著作だと考えています。このなかには後年にまで引き継がれる彼の思想のエッセンスが凝縮されている。この本で扱われているのは、裁判において判決はいかにして下されるのかという問題です。法律は起こりうるすべてのケースをあらかじめ予測してつくることなどできません。ですので、個別の事件が起こったとき、既存の法律がそれにどう当てはめられるかを判断するのはあくまでも人間の仕事です。そこで、単なる法律の文言を超えた裁判官の決断が求められる。重要なのは、具体的なケースに即して法を解釈する人間だというわけです。

『法律と判決』はシュミットのいわゆる「決断主義」がはじめてかたちをとった著作といわれていますが、それがまさに法の解釈と運用の問題として扱われている。そしてもう少しあとの『独裁』(一九二一)になると、この問題はより先鋭的なかたちであらわれることになります。そこでシュミットが「独裁」あるいは「例外状態」という言葉で述べているのは、法の運用が法そのものを超えてしまう極端な事態にほかなりません。

國分――ここで歴史の話をすると、『独裁』はヴァイマル期の著作ですよね。

大竹――ヴァイマル期初期の著作ですね。この本が執筆された背景のひとつに、第一次世界大戦終戦前後のドイツにおける革命騒乱があったことはたしかでしょう。一九一八年一一月の「ドイツ革命[注13]」によって帝政は崩壊し、それとともに第一次世界大戦も終結するわけですが、終戦後もドイツでは共産主義勢力による革命運動が続きます。特に一九一九年前半のバイエルンの革命、いわゆる「ミュンヘン・レーテ共和国[注14]」を、シュミットはミュンヘンにいて直接経験しています。「独裁」や「例外状態」の理論は、もちろんこうした同時代の出来事も反映しているとは思いますが、それ以前からのシュミットの思想の連続線上に出てきたものでもあるわけです。

注13　第一次大戦末期の一九一八年一一月、ドイツに起こった革命。キール軍港の水兵の反乱に端を発する大衆蜂起の末、ヴィルヘルム二世がオランダに亡命。多数派社会民主党のエーベルトが臨時政権を樹立して帝政を廃止、共和制を敷いた。翌一九年八月にはヴァイマル憲法が制定。

注14　バイエルン・レーテ共和国ともいう。第一次世界大戦後の一九一九年にバイエルンで社会主義者たちが革命を起こして社会主義政権樹立、その後すぐに共産主義者たちが革命を起こし、政権を確立する。しかし、すぐさま軍に鎮圧された。

國分——『独裁』という著作や例外状態の理論の背景には、革命直後のドイツ社会が経験したさまざまな混乱があるけれども、そもそも最初期の『法律と判決』にすでにこのころの理論の種子が存在しているということですね。

さて、ヴァイマル共和国の歴史を見ると、シュミットの主張を肯定するような社会であったともいえます。先ほども少し言及されましたが、ヴァイマル憲法には大統領緊急令（**憲法第四八条**）という規定がありました。公共の安寧秩序がいちじるしく損なわれたときには、その回復のために武力行使をも含めて緊急手段をとることができ、その際には基本的人権に関する諸規定が一時的に停止されうるというものですが、これが頻繁に使われる。『ビヒモス』でノイマンが指摘した通り、大統領緊急令を連発したのは一九三〇年代前半のブリューニング内閣であるとはいえ、実はヴァイマル憲法が施行された一九一九年から頻繁に利用されていた。[注15]

大竹——まさにそうですね。大統領緊急令はブリューニング内閣で濫

注15　フランツ・ノイマン『ビヒモス――ナチズムの構造と実際1933-1944』みすず書房、一九六三年、二九〜三〇頁。（國分）

用されたことが有名ですが、すでに一九年から二五年までの初代大統領フリードリヒ・エーベルト[注16]の時代に一三六回出されています。

國分——一三六回も！　初代の大統領エーベルトは一九二五年に急死するわけですけれども、すでに彼が一三六回も使っている、と。

大竹——ドイツ共産党によるザクセン州でのク・デタ計画（一九二三年一〇月）など、政治騒乱の鎮圧に使われたこともありましたが、多くは経済・金融危機に対処するためのものです。周知のように一九二〇年代前半のドイツでは、戦争賠償金の未払いを口実としたフランスとベルギーのルール占領をきっかけに、一ドルが数兆マルクにも達するようなハイパーインフレーションが発生し、経済が混乱を極めました。大統領緊急令が特に頻繁に出されたのがこの時期です。必ずしもナチス台頭直前のヴァイマル末期ではなく、ヴァイマル共和国の当初から社会と経済の安定を目的として、大統領緊急令が利用されていたわけです。

注16　（一八七一—一九二五年）ドイツの政治家。ヴァイマル共和国の初代大統領。

國分――ノイマンは、議会が立法権を独占することに余りにも熱心でなさすぎたと指摘しています。大統領緊急令はもちろんのこと、内閣や政府官僚に権限を委託する「授権法」も　共和国初期から何度も利用されていた[注17]。

もちろん、そうしたやり方でうまくいったこともあって、一九二三年にはグスタフ・シュトレーゼマン[注18]首相が、議会から授権法によって財政と経済に関する全権を委任されてレンテンマルク[注19]の発行を試み、それで経済を安定させた。

大竹――その後の「相対的安定期」に入ると緊急令はほとんど出されなくなりますが。

國分――歴史に対する判断はむずかしいわけですけれども、あとからふりかえってみれば、やはり、授権法で内閣や官僚に権限を委託したり、大統領緊急令を使って法律を通していくというやり方は、議会を軽視することにつながらざるをえないと思います。

注17　「議会の立法権の衰退はファシスト時代に先立つドイツ共和国の最後の時期、すなわち一九三〇年から一九三三年にかけての産物に過ぎないと考えるならば、それは誤りであろう。連邦議会は立法の独占権を保持することにあまりに熱がなさすぎた。〔…〕はやくも一九一九年には、議会は広範な権能委託を内閣、つまり政府官僚に与える一つの授権法を通過させて、立法分野における自らの優越性を自らすすんで放棄した。類似の法律が、一九二〇、二一、二三、二六年に制定された」（フランツ・ノイマン『ビヒモス』二九頁）。（國分）

注18　（一八七八―一九二九年）ドイツの政治家。一九二三年に首相兼

大竹——つながっていくとは思います。ただヴァイマル期に緊急令が多用されたのは、議会が小党乱立によって機能不全に陥っていたからというだけでなく、もっと根本的な理由があります。つまり、国家と経済社会の関係がこの時期に大きく変化したことに関わっているわけです。政治と経済を完全に切り離し、国家は市場に干渉しないという自由主義的なパラダイムは、一九世紀後半から徐々に福祉国家——ドイツでいうところの「社会国家」——のパラダイムにとって代わられます。国家が市場の活動に積極的に介入し、社会政策や福祉政策に配慮するようになるということですね。特にヴァイマル憲法は、生存権をはじめとして、労働・教育・住宅保有の権利などの社会権を大幅に認めた世界史上初の憲法で、保守派からは社会主義的とさえみなされた憲法です。これらの権利を政策のなかで実現していくためには、議会の立法だけではどうしても不十分です。国民生活の隅々にまで配慮することのできる行政介入がいやおうなくその役割を増していく。ですので、大統領緊急令のような行政命令が議会にとって代わったというのは、単に民主主義制度の欠陥と

外務大臣に就任し、インフレを沈静化させたが、三ヵ月で首相を辞任。
注19　第一次世界大戦の莫大な賠償金によって進行したインフレを抑えるために、ドイツ・レンテン銀行から発行された不換紙幣。

いうよりは、もっと根本的な国家と社会の構造変化を反映しているといえます。

國分——ヴァイマル憲法の起草に携わったマックス・ヴェーバーやフーゴー・プロイス[注20]が、大統領に大権を与えることに積極的だったという事実の意味をよく考える必要があるだろうと思います。彼らは民主的な思想家であったわけですが、ドイツ国民は議会政治に慣れていないという理由からそのように主張した。ヴェーバーには、強大な権力をもった大統領によってドイツの社会主義化を阻止するという考えもあったようですが。

大竹——厳密にいうと、実際のヴァイマル憲法では大統領制と議会制のバランスに比較的配慮したプロイスの考えが強く反映されています。ヴェーバーは本当はもっと大きな権限を大統領に与えたかったようですが、プロイスがそれに慎重だった。

注20　（一八六〇—一九二五年）ドイツの公法学者。ヴァイマル憲法の父として知られる。

國分──ヴェーバーの構想は「人民投票的大統領制」[注21]と呼ばれるものですね。議会ではなくて直接に人民に由来する強大な権力をもった大統領を共和国の頂点に置き、その強力な政治指導で行政を動かす。ヴェーバーの評価は非常にむずかしいと思います。あとから見れば、民主主義に対する信頼の欠如をどうしても感じてしまいます。ドイツ国民には議会制民主主義はまだ無理だろうというヴェーバーの判断はどこからくるんでしょうか。

大竹──ヴェーバー研究者たちによれば、議会制に対するヴェーバーの見方はそう簡単ではないようです。彼が晩年に唱えた人民投票的大統領制が有名なので、それがヒトラー独裁による議会制民主主義の破壊の一因になったなどという見方がかつてはありましたが、そこはもう少し慎重に見る必要があります。

人民投票的大統領制というのはもちろん、ヴェーバーが『支配の社会学』などでいうところの「カリスマ的支配」のヴァリエーションです。しかし彼はもともとカリスマというものを、単に大衆を惹

注21　一九一九年にヴェーバーが議院内閣制の立場を棄て、主張した。『マックス・ウェーバーとドイツ政治』でW・J・モムゼンが反議会主義ととらえ、批判したことで知られる。

きつける個人の天賦の才ではなくて、権力闘争のなかでたえず実証され、また失われることもある指導者の資質としてとらえていました。つまり重要なのは、指導者がみずからのカリスマを証すべく、政治闘争のなかで自身を鍛え上げていくという点なわけです。そしてヴェーバーは、議会をまさにこうした指導者選抜のための闘争の場として評価していました。こうした考えは、民主主義をエリートたちの競争と選抜のためのシステムとして解釈するヨーゼフ・シュンペーター[注22]のエリート民主主義論に大きな影響を与えています。いずれにせよヴェーバーは、ひとりの卓越した指導者があらわれて大衆を導くなどという通俗的なイメージでカリスマを考えていたわけではありません。

しかし晩年の人民投票的大統領制の構想が、そのような通俗的なカリスマに近いものに見えることも事実です。それが官僚制支配――「鋼鉄の檻」――を打破する一種の処方箋とみなされ、ヴェーバーがまるで喝采にもとづくカエサル的指導者に期待しているかのような。彼が人民投票的大統領制をそこまで強調するようになった

注22　（一八八三―一九五〇年）オーストリア生まれの経済学者。イノベーションの概念で知られる。著作に『経済発展の理論』、『資本主義・社会主義・民主主義』など。

のは、ドイツ革命によって皇帝ヴィルヘルム二世が亡命したことで、国家元首の地位が突然不在になったという事情が大きいでしょう。帝政がいきなり消滅し、イギリス型の立憲君主制というモデルが使えなくなって、みんな途方に暮れてしまった。

國分――ドイツ革命は、なしくずしの革命でしたからね。

大竹――皇帝の亡命という予想外の事態に直面して、人民投票的大統領制が立憲君主制に代わる考えられうる唯一の代案となった。晩年のヴェーバーが、議会政治のあり方よりも、国家元首である大統領とその正統性の問題に思考を傾注したのは、ヴァイマル共和国初期のこうした政治情勢が背景になっていると思います。

國分――もうひとつ、政治状況を左右した重要な要素として、当時の左派について言及しないわけにはいきません。ヴァイマル期は主としてドイツ社会民主党が政権を担当していたわけですが、社会主義革命と民主主義死守とのあいだでずっと揺れているわけですね。そうするとどうしても労働者重視になり、中間層に対する配慮が相対的に弱まってしまう。

また、共産党にとっては社会民主主義は敵なので、いわゆる内ゲバになる。しかも共産党は暴動やゼネストがあるとすぐに革命にもっていこうとする。これが本当に悲惨だと思う。結局、社会民主党は軍隊をもち出してこれを鎮圧することになる。左派が「民主主義」という価値のもとで協力し合うことが全然できない。

大竹——たしかに社会民主党はヴァイマル期になって政権参加するようになってからも、社会主義革命を目指す路線を完全に放棄したわけではありません。一九世紀末からの修正主義論争[注23]で問題になった「革命か改良か」という路線対立は、第一次世界大戦後も実際のところまったく決着がついたわけではない。

ただヴェーバーに関していうと、晩年の彼が議会主義に否定的になったとまではいえないと思います。彼が死んだのは、正式なヴァ

注23 社会民主党はマルクス主義的な革命路線を放棄すべきとするエデュアルト・ベルンシュタインの問題提起をきっかけにはじまり、一九世紀末から二〇世紀初めにかけて社会民主党内で激しい路線対立に発展した論争。

イマル共和国議会としての最初の選挙がようやくおこなわれた一九二〇年六月です。たしかにすでにさまざまな政治的混乱は見られましたが、彼はまだ本当に深刻な議会の機能不全に直面するには至っていません。ヴェーバーは結局、第一次世界大戦以前のドイツの自由主義者の問題意識に忠実だったと思います。つまり、皇帝とその官僚機構に対して、議会制民主主義をどのように有効に機能させるかということです。人民投票的大統領制という晩年の構想を引き合いに出して、ヴェーバーは議会制を軽視したかのように解釈するのは、シュミットなどヴァイマル期の思想家たちの議会不信をヴェーバーに事後的に投影しているだけだと思います。

シュミットとベンヤミン

國分――ここで最初に名前があがったシュミットに戻りましょう。大竹さんはシュミットとベンヤミンの関係にずっと注目されていて、「公開性の根源」でも両者の関係に触れられています。そのあたり

を補足していただけますか。[注24]

大竹――シュミットの「独裁」や「例外状態」は法の運用が当の法そのものを踏み超えていってしまう事態を指していました。一九二一年初頭に出版された『独裁』をベンヤミンが読んでいたかどうかは定かでありませんが、同年に発表された彼の論考「暴力批判論」には、シュミットの例外状態論につながる議論が見られます。ベンヤミンは「法維持的暴力」／「法措定的暴力」という二つの暴力を区別しつつも、この区別が廃棄されてしまうような暴力形態を考えています。その例として挙げられるのが警察です。警察は法を維持するための装置でありながら、あらゆるケースに介入することで法の適用領域を無際限に広げ、事実上、新たに自分自身で法を措定し直しているのだと。法を運用しているはずの権力が、いつの間にか自分で法をつくり出していくわけです。その限りで、警察は権力のもっとも退廃した形態だとベンヤミンはいっています。[注25]

ジョルジョ・アガンベン[注26]は、一九二二年に出版されたシュミット

注24　大竹弘二「公開性の根源 第1回――主権vs統治」『atプラス11』二〇一二年二月。（國分）

注25　ヴァルター・ベンヤミン「暴力批判論」『ドイツ悲劇の根源

の『政治神学』を、ベンヤミンの「暴力批判論」に対する応答であると解釈しています。[注27] これが事実かどうかはともかくとして、『政治神学』ではじめて明確に打ち出される「主権」の理論が、例外状態論が直面した困難の解決であることはたしかです。つまり、法の適用が法規範から無際限に逸脱していってしまう危険をどう防ぐか。シュミットの解決策は、「例外状態」においてはたしかに法規範は超えられ、無視されるかもしれないが、それは「主権」という、より高次の規範の名においておこなわれる、というものです。主権が法を超えて直接統治する状態が「例外状態」であるというわけです。法執行権力、つまり行政権力は、たとえ法の束縛から解き放たれたとしても、主権者の直接の管轄下でコントロールされます。こうして『政治神学』とともに、主権者が例外状態を統治するというシュミットの理論の一般的なイメージが確定することになります。

國分——一般にカール・シュミットの理論は、主権者を「例外状態に

（下）』浅井健二郎訳、ちくま学芸文庫、一九九九年、二四七〜二四九頁。（大竹）

注26　一九四二年生まれ。イタリアの哲学者。著作に『ホモ・サケル』、『王国と栄光』など。

注27　ジョルジョ・アガンベン『例外状態』上村忠男・中村勝己訳、未來社、二〇〇七年、一〇九頁。（大竹）

おいて決断を下す者」と定義する理論として知られるけれども、いま大竹さんが指摘したのは、そもそものシュミットの問題意識は、行政が規範から逸脱して暴走するのをどう防ぐかにあったということですね。

行政による迅速かつ強力な対応を迫る現実の課題がたしかにあるのだけれども、そうした課題への対応のなかで行政が暴走してしまうのを防ぐには、その活動をなんとか規範化しなければならない。シュミットはこのむずかしい課題に真正面から取り組み、行政は、法の束縛は超え出るかもしれないが主権を超え出るものではないと答えた。すなわち、主権こそが法を超えた規範としてこれをコントロールする、と。つまり、シュミットは最終的に主権による統治を信じている。

それに対しベンヤミンは「暴力批判論」で、法の適用が事実上の法の措定になってしまう事態を描き出すとともに、大竹さんが「公開性の根源」で取り上げた『ドイツ悲劇の根源』（一九二八）では、ドイツ・バロック悲劇の読解を通じ、君主において統治と主権がうまく結びつかないさまを論じている。

ちなみに、僕なんかはドイツ・バロック悲劇など全然わからないので、大竹さんの論文を読んで、やっと『ドイツ悲劇の根源』が読めるかもと思った次第なんですが（笑）、それはさておき、ここには近代の政治哲学の二つの思考モデルがあると考えられますね。行政・執行権力をなんとしてでも主権がコントロールすべきだし、コントロールできるとするシュミットと、網の目状の行政組織は主権の手を逃れて、勝手に統治をすすめていってしまうと考えるベンヤミン。

大竹——「主権者は統治できるのか」という問題が、主権概念をめぐる二〇年代のベンヤミンとシュミットの違いとしてあらわれているわけです。

國分——シュミットはこの意味では近代政治哲学の正統派の考え方だといえます。そして、近代政治哲学に欠けていたのは、おそらくべンヤミン的な視点です。すると、ベンヤミンの『ドイツ悲劇の根源』は近代政治哲学に多大な貢献をもたらしうるということになる。僕はこの話に非常に興奮しました。

ヴァイマルからナチスへ　2

國分――さて、ここでふたたび歴史に戻りたいと思いますが、一九三〇年代に入るとヴァイマル共和制は混乱が高まります。結果的に最後の社会民主党内閣となったミュラー内閣が一九三〇年三月に倒壊して以降は、議会内に政府を形成する連合が存在せず、組閣が不可能になる。その結果、大統領自身が直接に首相を指名することになるわけですが、その際、大統領パウル・フォン・ヒンデンブルク[注28]が選んだのが、先ほどから何度か名前が出ているブリューニングだった。そして周知の通り、この三年後には、ヒンデンブルクはイヤイヤながらもヒトラーを首相指名することになります。

先ほども触れた通り、ブリューニングは大統領緊急令を濫用した

注28　（一八三四―一九三四年）ドイツの軍人、政治家。ヴァイマル共和国の第二代大統領。ヒトラーを首相に任命し、ナチス政権への道を開いた。

ことでよく知られています。具体的には大統領に頼んで緊急令を出してもらい、それによって立法するわけですが、ブリューニングは議会での審議中に大統領に緊急令を出させて法律を通すなどということをやっている。財政再建に関わる法案ですね。しかも、議会が投票でその緊急令を破棄すると、今度は議会を解散させて、解散中に改めて緊急令で法案を成立させてしまった。もちろん、そこに至るまでのさまざまな経緯があるわけですけれども、議会軽視もここに極まれりという印象をもちました。

いったいこのブリューニングというのはどういう人物なのでしょうか？　あとにはたしかにナチスと激しく対立している。けれども、ハンス・モムゼン[注29]の『ヴァイマール共和国史』（一九八九）によれば、社会民主党に対しては強烈な不信感をもっている一方で、ナチスとは当時接触をもっていたし、ナチスに迎合的な態度を示していたらしい。[注30]林健太郎[注31]も『ワイマル共和国』（一九六三）で、評価がむずかしい人物と述べていました。[注32]しかも、大統領の権威を高めることによって国内を安定させようというブリューニングの目論見は

注29　一九三〇年生まれ。ドイツの歴史家。一九世紀を代表する知識人でローマ史を専門としたテオドール・モムゼンの曾孫。

注30　ハンス・モムゼン『ヴァイマール共和国史——民主主義の崩壊とナチスの台頭』関口宏道訳、水声社、二〇〇一年、三二六〜三二七頁。（國分）

見事はずれて、彼が議会を解散したあとの三〇年九月の選挙ではナチスが一二名から一〇七名へと飛躍的に議席を伸ばしてその後の足がかりをつくるわけですね。まさにターニングポイントになった首相といわざるをえない。

大竹──一九二〇年代前半のハイパーインフレーションの時期に大統領緊急令が多用されたときには、少なくとも経済危機に対処するための緊急手段という建前は尊重されていました。ところがブリューニングになると、緊急令が議会制を無力化しようとする政治的意図とあからさまに結びつきます。ヴァイマル憲法で議会は緊急令を失効させる権限を認められていましたが、実際に緊急令を否決した議会を解散してしまった例などはまさにそれですね。緊急令が一時的な危機克服の手段にとどまらず、議会に対する政府の責任を軽減するために利用されるわけです。ブリューニング自身がナチスをどう見ていたにせよ、こうして権威主義的な統治を恒久的なものにしようとする試みが、ナチスの全権委任法に通じるものであったことは

注31　(一九一三─二〇〇四年)近代ドイツが専門の歴史家。一九七三から七七年まで東京大学総長をつとめた。著作に『林健太郎著作集』など。

注32　林健太郎『ワイマル共和国』中公新書、一九六三年、一七九頁。(國分)

疑いありません。

國分――このあと、パーペン内閣[注33]、シュライヒャー内閣[注34]と続きます。簡単に人間関係だけを押さえておくと、シュライヒャーは将軍として国防軍を支配しており、大統領ヒンデンブルクとも親しく、そして陰謀家だった。ヒンデンブルクにブリューニングを推薦したのもシュライヒャーで、パーペンを推薦したのもシュライヒャーです。しかし結局はパーペンも見捨てて自分が首相の座についた。そのことでシュライヒャーに恨みを抱いたパーペンがヒンデンブルクを説得し、ヒトラーを首相として指名させることになる。

実はヒトラーが首相指名される直前の一九三二年一一月の国会選挙では、ナチスの得票率は前回(三二年七月)の三七・四パーセントから三三・一パーセントまで後退していました[注35]。それにヒトラーが首相指名されたことの背景には、いま説明したような人間関係上の経緯もあったわけです。ですから、ナチスが人民の心を少しずつ摑んでいって政権獲得に至ったわけではないことは一方で確認してお

注33 (一八七九―一九六九年)ヴァイマル共和政末期の一九三二年にシュライヒャーに擁立されてヒンデンブルク大統領のもとで首相をつとめたが、半年ほどで内閣は瓦解。その後、ヒトラーと接近し、ナチ党の権力掌握に大きな役割を果たした。

注34 (一八八二年―一九三四年)一九三二年末に首相となるも、パーペンの暗躍により翌年一月末には失脚。直後にヒトラーを首相、パーペンを副首相とするヒトラー内閣が誕生する。シュライヒャーはその後、引退生活を送るが、三四年の「長いナイフの夜」事件で殺害された。

注35 野田宣雄『ヒトラーの時代』二〇一四年、文春学藝ライブラリー、二二頁。(國分)

かねばなりませんね。

でも他方で、ヒトラーが首相に選ばれたすぐあとに、内閣を正式な立法者とする全権委任法[注36]が通っている。これは先に大竹さんも確認してくれた通り、ヴァイマル末期の議会をめぐる状況が準備したものというべきでしょう。「この法案［全権委任法］の可決は、なお完全に共和国に特徴的な抗争解決モデルと連続性は示してはいた」とモムゼンも指摘しています[注37]。つまり、全権委任法を通す素地や雰囲気はできていたということですね。これは前にも確認したことですが、行政が正式な立法権を握るというかたちでナチスの独裁は完成する。行政と立法が結びつくことがどれほど恐ろしいかを教えてくれるのが、この歴史上の最悪のエピソードにほかなりません。

大竹──ナチスは一九世紀以降の社会福祉国家のパラダイムのもとで見る必要があるでしょう。特にドイツでは、現在の社会保障制度の基礎となっているオットー・フォン・ビスマルク[注38]の社会政策の伝統

注36　ヒトラーが率いる政府に国会が立法権を委譲した一九三三年の法律、「民族および国家の危難を除去するための法律」のこと。

注37　ハンス・モムゼン『ヴァイマール共和国史』一〇頁。（國分）

注38　（一八一五―一八九八年）プ

があります。そうした行政国家化の流れのうえに、ヴァイマル共和国もナチスもある。

——行政権の拡大はナチス特有のものではなく、一九世紀以来の「社会的なもの」の勃興によって、社会福祉的な政策が国家として必要になったため、行政権が大きくなってきたということですか。

大竹——そういうことです。ただしもちろん、一般的な社会福祉国家とナチスとの違いはありますが。

歴史家のデートレフ・ポイカート[注39]が指摘していることですが、ヴァイマル共和国時代に行政コストの増大によって、社会国家はすでに財政上の危機に陥っていたそうです[注40]。ヴァイマル憲法に労働や教育などのさまざまな国民の権利が盛り込まれたのはいいけれど、それを実現するためのお金の裏付けがなかった。社会保障のための財政資金はアメリカからの資本の借り入れによってなんとかまかなわれていたわけですが、世界大恐慌によって外資がドイツから引き揚

ロイセンおよびドイツの政治家。ドイツ統一の中心人物であり、「鉄血宰相」として知られた。

注39　（一九五〇—一九九〇年）一九八八年からハンブルクのナチズム史研究所所長をつとめた。著作に『ナチス・ドイツ——ある近代の社会史』など。

注40　デートレフ・ポイカート『ワイマル共和国』小野清美ほか訳、名古屋大学出版会、一九九三年、一一二〜一二五頁。（大竹）

げると、財政難はますます深刻化する。そうなると給付対象者の「選別」というものが必要になってきます。つまり、その者が給付にふさわしい「価値のある」あるいは「役に立つ」人間であるかどうか。社会政策が「社会防衛」としての性格を強めていくわけです。ナチス時代になると、そうした人間の「有用性」が明確に人種理論や生物学によって基礎づけられるようになる。ナチスは人種生物学にもとづく社会福祉国家といえます。

――ナチスの社会福祉政策で際立ったものはありますか。誰もが支持したような政策とか。

大竹――主なものとしては、やはり住宅建設やアウトバーン建設などの公共投資。結婚したひとに無利子で融資し、出産した子どもの数に応じて返済金を減額する結婚貸付なんていう制度もありました。当然、女性の出産奨励というナチスの母性保護政策にそった制度です。これによって、それまで働いていた女性の多くが専業主婦として家庭に入り、彼女らの抜けた職場が男性失業者によって補われた。ナチス時代の失業率低下にはこうした数字のトリックもあります。専業主婦は失業者として換算されませんから。

國分——あとレクリエーションとか。

大竹——そうですね。ナチスは余暇の利用にも積極的でした。有名なのは、労働者のためのレクリエーション組織としてつくられた歓喜《かんき》力行団《りっこうだん》です。[注41] 演劇やコンサート、スポーツ大会やハイキングなどのほか、大型客船で大西洋クルーズをやったりしています。

國分——それで多くのひとが海外旅行にはじめて行ったんですよね。中心は労働者対策ということですよね。支持していたのは中間層だといわれていますが。

大竹——どういう社会層がナチスを支持していたかについては近年い

注41　ナチス政権下において国民に余暇活動を提供した組織。旅行、スポーツ、コンサート、祝祭典などを企画した。

ろいろ研究が進んでいるようですが、オーソドックスな説によれば、一九二〇年代に急増した新中間層です。

國分——サラリーマンですよね。

大竹——そうです。資本家に雇用されているという点では労働者階級と変わりませんが、賃金はブルーカラーの労働者よりもよいので、多少生活に余裕があり、社会的ステータスの高さも自負できる。ジークフリート・クラカウアー[注42]が『サラリーマン』（一九三〇）で描き出したような生態のひとびとです。クラカウアーやエルンスト・ブロッホ[注43]は、実態としてはプロレタリアートであるにもかかわらず、それに不釣り合いなブルジョワ意識をもっている彼らのライフスタイルを問題にしています[注44]。彼らはサラリーマンをこうした「虚偽意識」から目覚めさせ、革命に誘おうとするわけですが……。

國分——まぁ、マルクス主義者としてはどうしてもそういう対応にな

注42　（一八八九—一九六六年）ドイツの社会学者。著作に『カリガリからヒトラーへ』、『サラリーマン』など。

注43　（一八八五—一九七七年）ドイツの哲学者。独特のマルクス主義哲学を展開した。著作に『ユートピアの精神』、『希望の原理』など。

注44　エルンスト・ブロッホ『この

らざるをえないんでしょうね。

大竹――いずれにせよ、そういった新中間層が大恐慌によって失業の危機に直面し、没落不安から雪崩を打ってナチス支持に流れる。これが一般的な説です。ただ、労働者層や農民層も少なからず支持していたという説もあり、そう単純ではありませんが。

國分――この時期に「サラリーマン」という新中間層が出てきたことの意味は本当に大きいと思います。僕が『暇と退屈の倫理学』(二〇一一)で扱ったバートランド・ラッセル[注45]の『幸福論』は一九三〇年の出版です。そのなかでラッセルは、飢餓や戦争といった巨大な不幸ではなくて、都市生活者のぼんやりとした不幸を論じた。おそらく、ラッセルはイギリスにもあらわれはじめた新中間層の存在と彼らを襲っている新種の不幸に気づいていた。つまり退屈の問題ですね。まったく同じ年、一九三〇年にフライブルクではマルティン・ハイデガー[注46]が『形而上学の根本諸概念』と題された講義をおこ

時代の遺産』池田浩士訳、ちくま学芸文庫、一九九四年、四〇〜四四頁。(大竹)

注45 (一八七二―一九七六年)イギリスの哲学者。著作に『西洋哲学史』、『幸福論』など。

注46 (一八八九―一九七六年)ドイツの哲学者。著作に『存在と時間』、『杣径』など。

ない、同じく退屈を論じた。

ラッセルとハイデガーというのは哲学的にも政治的にも犬猿の仲であるわけですが、その彼らがイギリスとドイツで、あの時代の都市生活者の生の非充実感という問題を同時に論じていたというのは非常に興味深いことだと思います。新中間層の登場は非常に大きな問題を提起していたんでしょう。

大竹―日々の労働に追われるだけのそれまでの労働者とは違って、余暇を享受できる新中間層の出現は大きいと思います。いま触れられた國分さんの『暇と退屈の倫理学』でも扱われていますが、この時期にハイデガーが「退屈」について哲学的に考察しているのも、こうした時代背景があってのことでしょう。生活に余裕が生まれても、それがなんとなく非本来的な生活であるという感覚に取り憑かれる。ナチスのレクリエーション政策は、新中間層のそうした漠然とした不安感を、生の充実感で満たそうとしたのかもしれません。アルベルト・シュペーア[注47]の建築やレニ・リーフェンシュタール[注48]の映

注47　（一九〇五―一九八一年）ド

画などとの関連ですでにさんざん指摘されているナチスの「政治の美学化」に通じるものがある。

國分――アウトバーンもそうでしょう。週末にフォルクスワーゲン（国産車）で田舎に行って、都市で非本来的な生活をしているひとたちが自然と戯れて本来的な生活をし、都市に戻ってまた労働する。つまり、技術によって本来性を回復する。実はラッセルも、大地から切り離されては人間は生きてはいけない、大地は大切だと、哲学的には嫌悪しているハイデガーとまったく同じことをいっている。

大竹――「本来性に戻れ」というのは保守主義者の常套句ですね。ただ、当時の都市生活者たちがふと見舞われることのあった「退屈」の感覚については左派の思想家たちも問題にしています。たとえばクラカウアーは、ヴァイマル大衆文化を批評したエッセイのなかで、「ありきたりの退屈」を超えた「徹底的《ラディカル》な退屈」や、映画における「気散じ」の経験に触れ、そこに革命的なユートピアの可能性

イツの建築家。ナチスの党主任建築家になる。著作に『第三帝国の神殿にて』など。

注48（一九〇二―二〇〇三年）ドイツの映画監督。ナチス党大会の記録映画『意志の勝利』で知られる。

を見ようとしています。[注49] これはおそらくベンヤミンの『複製技術時代の芸術作品』（一九三六）に影響を与えたと思われます。結局、映画などの大衆文化を革命へのきっかけにしようとする彼らの企図は、ナチスを前にして無力だったわけだけど。

國分——もちろん、社会経済的な条件は違っていて、イギリスよりもドイツのほうが悲惨になっていく。行政権が肥大化してレジャーまでもがその対象になっていくという事態が、新中間層の生のありようと重なっていたことは押さえておきたいと思います。

注49 ジークフリート・クラカウアー『大衆の装飾』船戸満之・野村美紀子訳、法政大学出版局、一九九六年、「倦怠〔退屈〕」三〇三〜三〇七頁、「娯楽〔気散じ〕崇拝」二九四〜三〇〇頁。（大竹）

第三章

主権概念の起源とその問題

主権理論における行政の位置づけ

國分―ここまで現代日本の政治、そしてヴァイマル期およびナチス期のドイツの歴史を論じながら、いくつかの理論的課題をピックアップしてきました。それらを踏まえて近代の政治哲学を論じていきたいと思いますが、おそらく中心的な問題となるのは、行政ないし執行権の問題であろうと思います。

大竹さんも僕も政治学科を卒業したわけですが、いわゆる政治思想史の文脈で行政や執行権の問題を学んだ記憶がありません。

大竹―政治哲学ではなくて行政学の領域になってしまいますね。

國分―そうなんです。僕もずっと政治思想史や政治哲学を勉強してきたんですが、あるときにそのことに気がついて驚きました。一七世紀以降の政治哲学、つまりトマス・ホッブズ[注1]やジャン＝ジャッ

注1 （一五八八―一六七九年）一

ク・ルソー[注2]を中心に据えた政治哲学のテキストを細かく読んでみると、実は彼らのなかには行政や執行権への非常に注意深い観察があることがわかる。しかし、それはあまり強調されてこなかった。

主権は基本的に立法権（legislative power）として定義されてきました。そしてそれに対応するかのように、主権をもった国家を研究する政治思想史のほうも立法権中心主義的なものの見方になってしまっている。それにしてもなぜ執行権（executive power）の問題がここまで軽視されてきたのか。

大竹——近代政治哲学のいちばんの発明は主権理論、とりわけ国民主権の理論ですから。それを通じて強大な官僚機構をしたがえた国王の執行権力をコントロールするという点に関心が集中したのは、やむをえないと思います。

近代初期の国家はそもそも行政国家でした。絶対王権が市民生活に介入するいわゆるポリツァイ国家[注3]ですね。こうした国王の恣意的な干渉から市民生活をどのように守るかという課題が出てきて、一

…七世紀を代表するイングランドの哲学者。著作に『リヴァイアサン』、『哲学原論／自然法および国家法の原理』など。

注2　（一七一二—一七七八年）ジュネーヴ生まれ。哲学者、作家、作曲家。著作に『社会契約論』、『言語起源論』など。

注3　警察国家と一般的に訳されるが、「ポリツァイ」（Polizei）は実際は広義の福祉行政を意味している。

七世紀から一八世紀にかけて、立憲主義や、政治が経済に干渉しない古典的な自由主義が生まれてくる。しばらくはそのパラダイムでやっていけたわけですが、一九世紀半ばになると、資本主義発展にともなう貧困問題、いわゆる「社会問題」が深刻化します。そこで、経済活動に介入して不平等をただす国家の役割がふたたび重視され、近代的な行政学の確立にもつながっていく。ですので、一八世紀の政治理論のなかで行政の問題がそれほど注目されていないのは仕方ないでしょう。

ただ、イギリスやフランスをモデルに考えればそうですが、近代的な立憲主義や自由主義があまり深く根付かなかったドイツにおいては、一八世紀においてもポリツァイ学という行政学の伝統がありました。ドイツが一九世紀後半のビスマルク時代にいち早く社会福祉国家の基礎を築けたのもこうした伝統に負うところが大きい。

國分――「行政国家」という言葉は一般に、行政機能の拡大によって行政権が立法権や司法権を凌駕してしまう二〇世紀の国家を指すわけですけれども、行政国家の問題は、単に行政機能が歴史的に見て拡大してきているという話に尽きるものではない。そもそも立法によって行政をコントロールできるのかという原理的な問題がそこにはある。さらに、いま大竹さんが指摘したように、歴史的には、生まれたばかりの近代国家は法治国家というよりも行政国家だった。だからこそ、それを主権による立法でコントロールするという課題も重要性を増したし、それを研究する学問の側もどうしても立法権を中心に据えて考えることになってしまった。つまり、前章で提示したシュミット対ベンヤミンの図式を使うと、行政権に対するベンヤミン的な認識がなかった。

その弊害というのは非常に大きいように思います。立法権で行政権を完全にコントロールすることは極めて困難であるわけですが、にもかかわらず、「立法権は行政権に優先する」という建前があり、しかもその建前を現実とすりあわせる作業が十分にはおこなわれてこなかった。その結果、主権——国民主権の国家ならば、国民が統治に関してもっている最終的な決定権ということになりますが——

から独立して行政が統治をすすめていく事態を十分に理論化できなかったのではないか。

この観点から近代の政治哲学史を読み直してみると、こうした建前をつくり上げるのに貢献した人物として、たとえばジョン・ロック[注4]の名前を挙げることができると思います。『市民政府論』(一六九〇)では、何度も行政権に対する立法権の優位が主張されています。[注5]けれども、それは名目上の優位であって、実質的にどうやって立法権が行政権をコントロールするのかについての考察はないといっていい。またロックは行政権力に、立法府を招集する権力や、戦争、外交、条約締結などを司る連合権も与えるべきだといっています。[注6]彼が考える行政権力は非常に強力なものです。しかも、よく考えてみれば、ロックがそうして思い描いた国家の姿は、いまのわれわれがよく知る国家の姿と驚くほど似ている。

注4　(一六三二―一七〇四年)イギリスの哲学者。経験論の父ともいわれる。彼の社会契約論はアメリカ独立宣言やフランス人権宣言に影響を与えた。著作に『人間知性論』、『統治二論』など。

注5　ロック『市民政府論』鵜飼信成訳、岩波文庫、一九六八年、第一五三節、第一五六節。(國分)

注6　ロック『市民政府論』第一四八節、第一五四節。(國分)

主権理論の完成者・ルソー

大竹――ロックの場合、立法権の位置づけに少しあいまいさがありますね。立法権を執行権より優越におきながら、立法権と執行権の勢力均衡も考えていて、権力分立の考え方が強く出ています。主権の絶対性を徹底的に推しすすめたのはむしろルソーでしょうね。

國分――そうですね、ルソーがやはり近代の主権理論に一定の完成をもたらした哲学者だと思います。そこに至るまでの過程を簡単に振り返っておきたいと思います。

主権の概念をつくり出したのは、一六世紀のフランスの公法学者ジャン・ボダン[注7]ですね。彼はユグノー戦争[注8]に衝撃を受けて絶対主義国家の強力な擁護者となる。とにかく王権を使って上から秩序をつくり出さなければとんでもないことになると考えたわけです。その際、王権をバックアップするためのものとして主権概念が発明され

注7 (一五三〇―一五九六年)フランスの経済学者、法学者。主著である『国家論』はユグノー戦争のさなかに執筆された。

た。これは「公共社会の市民と臣民に対してもっとも高く、絶対的で、永続的な権力」として定義されているわけですが、この定義だけだと重要なポイントがあまり摑めない気がします。大竹さんが「公開性の根源」で強調されていたように、主権概念のポイントはそれが立法権として定義されたところにある。[注9]実際、ボダンはその著書『国家論』（一五七六）で、主権者は「臣民全体にその同意なしに法律を与えることができる」といった。

これは当たり前のことと受け取られるかもしれませんけど、実は画期的な定義だった。思想史家のクエンティン・スキナー[注10]がいっているんですが、それまで法学者たちは支配者というものを基本的に裁き手として考えていたというんですね。[注11]つまり、司法権の担い手です。ところが、ボダンは主権者の支配者たるゆえんをルールをつくり出す権能、すなわち立法権に求めたわけです。ここが新しかった。

大竹――ボダン自身は神法や自然法のような人間の作為を超える法規範の存在を否定したわけではありません。ただ、みずから法をつく

注8　一五六二年から九八年までフランスでカトリックとプロテスタントが争った内戦。ユグノーとはフランスのカルヴァン派教徒の総称。

注9　大竹弘二「公開性の根源　第1回――主権vs統治」『atプラス』11二〇一二年二月、一四三～一五七頁。

注10　一九四〇年生まれ。イギリスの政治学者。専門は近代政治思想。著作に『近代政治思想の基礎』、『自由主義に先立つ自由』など。

注11　クエンティン・スキナー『近代政治思想の基礎』門間都喜郎訳、春風社、二〇〇九年、五六九頁。

（國分）

り出すことのできる主権という権能を考え出した意義は大きい。それは宗教や教会から自立した主権国家という近代の政治的主体の誕生に大きく貢献しました。

國分──この主権概念は基本的にそのまま踏襲されていきますが、初期の段階ではまだ理論的にはごちゃごちゃとしている。たとえばホッブズは主権に属する権利を一二個掲げています。[注12] 当然、そのなかには立法権や和戦の権利などが入っているんですが、興味深いのは、イデオロギー操作、世論操作と思われる権利までそのなかに含められていることです。たとえば、恣意的に報酬を与える権利とか、臣民が教えられるべき学説を判定する権利とかのことですね。ホッブズは政治における感情の役割を重視した哲学者ですから、主権はそこにまで及ぶべきだと考えたということでしょう。ここまでやらないと統治などできないのだ、と。それにしても、そういうことを本当に書いてしまうんですから、ホッブズというのは正直なひとですね（笑）。

注12　ホッブズ『リヴァイアサン』水田洋訳、岩波文庫、一九九二年、第二部第一八章、第二分冊、三六～四六頁。（國分）

でも、ルソーによって主権をさまざまな権利に分解してしまう考え方が批判されます。ルソーははっきりと、主権とは立法権だと定式化する。それ以外の権能は立法権に由来するものだと考えるわけです。[注13]しかも主権を一般意志の行使と考えた。これによって「国民主権」にまで至る主権概念の現代的な定義が確定したといってよいと思います。

ルソーはしかし、他方で、行政の問題をしっかり考えているんですよね。大竹さんは「公開性の根源」でルソーの『政治経済論』（一七五五）に注目されていました。そこでは立法する主権と経済を司る政府とが、人体における頭と心臓の比喩で語られ、主権と行政統治との緊張関係が明確に論じられている。この論文を『社会契約論』（一七六二）に至る中途の単なる技術論とみなすべきではない、というわけです。[注14]

僕はそれに付け加えて、『社会契約論』における「民会」の機能からも同じことがいえると指摘しておきたいと思います。ルソーは一般意志というのはあくまでも立法権において実現するものであ

注13　ルソー『社会契約論』桑原武夫他訳、岩波文庫、一九五四年、第二編第二章、四四〜四五頁。（國分）

注14　大竹弘二「公開性の根源　第2回――政治における秘密」『atプラス 12』二〇一二年五月、一一二頁。（國分）

り、行政の行為は一般意志の実現ではないと強調しています。一般意志はその対象も「一般的（général）」でなければならないが、行政がおこなうのは「個別的（particulier）」な行為であるから、一般意志の対象にはならないということなんですね。注15 実はこの論点は、ルソーの一般意志の概念が論じられる際にもあまり注目されていないところです。

行政の行為は一般意志の実現ではないけれども、当然、政府は必要で、政府によって行政をおこなってもらわなければ国家は成り立たない。そこでルソーが考えたのが、主権の担い手である人民が定期的に集まって、いまの政府を認めるかどうかの民会を開くというやり方です。とするとこの民会はいわば、主権と統治、立法権と行政権が顔を合わせる場なんですね。そういう場がないと、行政を主権によって抑え込むことはできないとルソーが考えていた証拠だと思います。僕はあの民会の理論は——その実現可能性はともかくとして——ルソーの理論の核心のひとつだと思っているんです。

注15 「一般意志は、それが本当に一般的であるためには、その本質においてと同様、またその対象においても一般的でなければならない［…］一般意志は、何らかの個的で特定の対象［quelque objet individuel et déterminé］に向かうときには、その本来の正しさを失ってしまう」（『社会契約論』第二編第四章、五〇頁）。（國分）

大竹――たしかに『社会契約論』の第三編では終始、行政権力について扱われています。一般意志からの執行権の乖離をいかに防ぐかが問題となっている。

スピノザの国家論

國分――行政に対するベンヤミン的認識というんでしょうか、大竹さんの「公開性の根源」から学んだ統治への批判的視点をもって政治哲学を読み直すと、いろいろ発見があるんです。たとえば、僕の専門のスピノザ[注16]ですが、『国家論』（一六七七）の君主制を論じた箇所に、非常に興味深い分析があることに最近気がつきました。

君主に絶対的な権力を与えても、そんなに強大な権力を彼がひとりで担えるわけがない。すると、どうなるか。君主は自分の代わりに政治をおこなう執政官や顧問官を求め、彼らに権限を委ねることになる。すると、君主制国家は貴族制国家に、しかも、ひとびとが選んだり認めたりしている人物とは別の人物が内密に最高の権力を

注16 （一六三二―一六七七年）一七世紀を代表するオランダの哲学者。著作に『知性改善論』、『エチカ』など。

担う「最悪の貴族制国家」になる。[注17] まさしくスピノザは、主権による統治の限界を、君主と大臣たちの関係のあいだに見ているわけです。

スピノザはそこで、君主を補佐する立場の人間を民衆から選出するという制度を提案する。これは非常にすぐれた提案と思いますね。もしかしたらスピノザの君主制は、現代日本の「民主主義」より民主的かもしれない。国民は大臣を間接的に選ぶことはできても、事務次官は選べないわけですから。彼のいう貴族制にしても、そこでいわれている貴族とは、血統上の貴族（Nobilis）ではなくて、選出される貴族（Patricius）であって、するとこの政体はいまの議会制民主主義とほとんどかわりません。

『国家論』は遺稿でして、ちょうど民主制を論じはじめたところで終わっているんです。でも、君主制と貴族制をこれほど「民主的」に描いてしまったら、スピノザがあの時点で死んでいなくても、これ以上に「民主的」な民主制を本当に論じられたのかなとも思う。まぁ、これは余談ですが。

注17　スピノザ『国家論』畠中尚志訳、岩波文庫、一九七六年、第六章第五節、六六頁。（國分）

とにかくこうやって復習してみると、ホッブズにしろ、スピノザにしろ、ルソーにしろ、執行権の問題が非常に慎重に扱われている。それに対して近代政治哲学の研究のほうは、どうもその点にうまく焦点を合わせられなかったのではないかという印象は拭い去れません。

大竹——執行権力を利用するというよりは、それをどうやってコントロールするかというほうが重要な問題だったんでしょう。その解決策として、主権という最高規範をもってくる以外は思いつかなかった。だからみんな主権を——とりわけ民主主義的に——基礎づける作業に関心を集中した。いまでもほかによいやり方は思いつきませんが。

シュミットの変遷

國分——『現代議会主義の精神史的地位』（一九二六）でシュミットが、

「行政とは、法律を大前提とし、一般的事実を小前提とし、法律の適用を結論とする三段論法にすぎない」というニコラ・ド・コンドルセー[注18]の言葉を引用しています。[注19] 三段論法とは、たとえば、「人間は死すべきものである」という大前提と、「ところでソクラテスは人間である」という小前提から、「したがってソクラテスは死ぬ」という結論を導き出す推論のことですけれど、行政は、そうやって大前提を現実に適用して結論を論理的に導き出す作業にすぎないというわけです。法律とその適用のあいだにはいかなるギャップや飛躍もなく、なめらかにつながっているという考えですね。行政についてはこういうイメージが強かったんでしょう。

大竹――コンドルセーはフランス革命期ですから、どうしてもそういう書き方になりますよね。国民の憲法制定権力によって与えられた憲法が不動の基礎としてある。個別事例での法適用がいくら積み重ねられたとしても、この基礎自体が揺らぐことはない、と。

注18 (一七四三―一七九四年)フランスの数学者、哲学者。著作に『革命議会における教育計画』、『人間精神進歩史』など。

注19 「この点ではコンドルセーも、すべての具体的なものは一般的な法律の一適用例に過ぎないものだとする啓蒙的急進主義の典型的な代表者である。したがって彼にあっては、国家のすべての活動、その全生活は法律と、法律の適用に尽きるものであって、行政も「法律が大前提であり、多少とも一般的な事実が小前提であるような三段論法をなす」機能をもつにすぎない」(カール・シュミット『現代議会主義の精神史的地位』稲葉素之訳、みすず書房、二〇一三年、五九頁)。(國分)

國分——その建前はいまも強いと思います。ベンヤミンがいうような、法を適用するたびごとに法が更新される、もしくは法の適用がつねにある種の飛躍をはらんでいるという認識をやはり強調する必要がある。

ところで、シュミットはたしかに一時期までは、主権によって統治の技術、執行権が飼い慣らされたと考えていたわけですが、その考えも二〇年代以降、変化していくわけで、単純ではありません。

大竹——「例外状態」というのは要するに執行権が法律を超えてしまう事態のことですね。前にいった通り、一九二〇年代のシュミットは、執行権はたとえ例外状態にあっても、法律ではないにせよ、主権には従属しており、主権のもとでコントロールされると考えていた。ところが、三〇年代にはいるころから徐々に考えがかわってきて、主権という概念をあまり口にしなくなる。世界恐慌にともなう経済・社会危機を乗り超えることが緊急の課題になると、執行権を主権でコントロールすることよりも、とにかく強力な行政権力によって統治の安定を取り戻すことが重要になっていく。

國分―それは非常に大きな転換だと思います。近代政治哲学の核心部分に手をつけてしまったという感じでしょうか。

大竹―そこで主権者ではなく、新たに「ノモス」という概念が出てきます。ギリシア語で法を意味するこの「ノモス」が、法の執行をコントロールし、法的安定性を保障するはずだと期待するんですが、しかしこの「ノモス」がなんなのかよくわからない。大まかにいえばドイツ固有の民族的秩序を考えたがっているようですが、ときにはそれを「総統の意志」などといってしまったりもします。後年の『大地のノモス』（一九五〇）になると、具体的な場所の秩序を生み出す原理という以上の積極的な規定はない。「ノモス」自体が恣意的に解釈できる概念なわけです。

だから、結局、シュミットは主権以外の概念によっても法の執行をコントロールすることに失敗しているといえます。法運用の拡大によって法規範そのものが無化されるという問題を、シュミット自身がみずからの思想行程のなかで、身をもって示したといえるでしょう。

國分──シュミットが三〇年代から口にするようになるという「ノモス」は、「憲法制定権力[注20]」とどういう関係にあるんでしょうか？

大竹──「憲法制定権力」は主権のことですから、三〇年代にはあまりいわなくなりますね。国民であれ君主であれ、憲法制定権力が法を超越的に措定するという発想から、内在的に自然的に法秩序が生まれてくるという考えに三〇年代はうつります。俗に「決断主義」から「具体的秩序思想」への移行といわれる変化ですが。

國分──聞いていると、シュミットがどんどん現状追認的になっていくというふうにも聞こえるんですが、そのあたりはどうでしょう？

注20 constituent power、憲法を制定し、憲法上諸機関に権力を付与する権力。

大竹―結果として現状追認的になってしまった。決断主義であれば少なくとも主体的な選択がありますが、それ自体として内容不明確な「具体的秩序」は、ヴァイマル時代にはヴァイマル共和国、ナチス時代にはナチス体制といったように、すでにあらかじめ存在している秩序を指す以上の概念ではなくなってしまう。だから結局のところシュミットは、そのつどの政治体制に順応し、既存の秩序を事後的に肯定しているにすぎないというのが、たとえばカール・レーヴィット[注21]による批判です[注22]。

國分―お話を聞けば聞くほど、近代政治哲学を考察するうえでの、シュミットの理論とその変遷の重要性がよく見えてきます。ある意味でシュミットは、統治を理論的に考えると出てこざるをえない問題に素直に応答している。当初は、主権こそが統治を馴致《じゅんち》しなければならないし、できているはずだと考えていたけれども、その困難に直面し、強力な行政権力による統治の安定を重視するようになる。しかしそれを肯定するだけでは単に行政が上手に統治すればよ

注21 （一八九七―一九七三年）ユダヤ系のドイツの哲学者。ハイデガーに師事したが、ナチス台頭後は距離を置いた。著作に『ヘーゲルからニーチェへ』、『共同存在の現象学』など。

注22 カール・レーヴィット「カール・シュミットの機会原因論的決定主義」、カール・シュミット『政治神学』田中浩・原田武雄訳、未來社、一九七一年、八九〜一六三頁。（大竹）

いという話になってしまうから、そこになんとか規範性をもち込もうとするのだけれど、どうしてもうまくいかず「ノモス」というあいまいな概念を提示することになってしまう……。

大竹さんは、そもそもシュミットをシュミットの意図に反して読むという立場で研究されてきているわけですが、以上の経緯を踏まえたうえで、改めて主権についてどう考えますか？　行政に歯止めをかけるのはやはり主権であるということになるのか……。

大竹――それはむずかしい。主権をどう定義するかによりますが、主権が法を措定し、行政が運用するという単純な論法だけではもはや通用しません。法の運用の段階でどのように国民がコントロールできるかが問題になると思います。それも主権と呼ぶとしたら主権ですが。

國分――主権概念の歴史というのはなかなか奇妙なものであって、もともとボダンがこの概念をつくった際には、ユグノーたちの抵抗権の思想を弾圧することが重要な目的のひとつでした。だから、その意味では血みどろの概念といってもいい。けれども、いまではそれは、「国民主権」という新しい衣装を身にまとい、みんなが目をキラキラ輝かせて口にするような概念になっている。

他方、晩年のデリダは数年間、「獣と主権者」というテーマでセミナーをしていました。講義録が出たばかりで全貌は明らかではありませんが、主権を批判的に検討していたことは間違いありません。[注23] 主権概念の脱構築というのは、しかし、どうなんだろうか……。主権の概念にこだわるべきかそうでないのか、僕自身もよくわからないところがあるんです。

大竹——主権によって根源的に打ち立てられた法が、運用と執行のなかで逸脱していくというのも、ある種の脱構築ですからね。それだけではダメでしょうね。

國分——なるほどね、そうなんですよね。行政は主権を脱構築してい

注23　最近、講義録の第一巻の邦訳が出版された。ジャック・デリダ『獣と主権者　I　——ジャック・デリダ講義録』西山雄二ほか訳、白水社、二〇一四年。（國分）

る、と。もちろんデリダ自身は『法の力』（一九九〇）を書いている
わけだから、そうしたことはわかっていたでしょうね。

大竹――法の内容そのものではなくその法がどう運用されるか、つまり、法における事実確認的（コンスタティヴ）な次元ではなく行為遂行的（パフォーマティヴ）な次元に目を向けるというだけならば、例外状態における執行権力の肥大化も脱構築といえば脱構築ですから、何も解決していません。むしろ、形式主義的な法の支配よりもひどいことになってしまう。ベンヤミンやデリダのように、法のそうした行為遂行的な逸脱のかなたにある「神的暴力」や「メシア的なもの」に可能性を見出すなら別ですが、これを実際に政治理論のなかに組み込むのはむずかしい。

國分――そうなると、やはり主権という概念はそう簡単に手放せないということになりますね。

大竹――なかなかね。

――大竹さんは「統治が技術に変容するとき――カール・シュミット『独裁』」という論考でこう書かれています。「〔シュミットの見解によると〕近代国家は一六／一七世紀の誕生当初から統治の技術化に戦ってきた〔…〕。近代国家は、一般に強調されるように、中世的な神学規範や教会権力との戦いからのみ生まれてきたわけではない。むしろ、シュミットがそれにも増して重視するのは、近代初期に主権理論が対峙していたもう一方の敵、すなわち、（「マキャヴェリズム」から国家理性・国家機密論へ続き、官房学・ポリツァイ学を経由して近代行政学へ至るような）政治を純粋な統治のテクニックに還元する技術的国家観である[注24]」。具体的にはどんな戦いがあったのでしょう。

大竹――一般的な理解では、ニッコロ・マキャヴェッリ[注25]は政治思想史における中世と近代の分水嶺をなす思想家とみなされています。中世には政治が神学――およびローマ教会――に従属していたのに対

注24　大竹弘二「統治が技術に変容するとき――カール・シュミット『独裁』」『現代思想』第三九巻第九号、二〇一一年六月、九四～九七頁。

注25　（一四六九―一五二七年）イタリアの政治思想家。著作に『君主論』、『ディスコルシ』など。

し、マキャヴェッリは政治をそうした宗教道徳から切り離してリアリスティックにとらえたのだと。無道徳な権力理論家としてのマキャヴェッリというイメージはいまでも根強いですが、そのようなイメージは彼が生きた一六世紀当時からあったものです。権謀術数という通俗的な意味での「マキャヴェリズム」は、その当時から激しい非難の対象となっていました。

そうはいっても、中世的な宗教道徳をもう一度復興しようという試みももはや限界がありました。というのも、宗教改革とそれにともなう宗派対立によって、すべてのひとが同意できるような神学教義は失われてしまったからです。それでもなお神学にもとづく道徳を取り戻そうとするひとびとは、互いにみずからの信じる正義を掲げ、決して和解することのない戦いを繰り広げるしかありません。一六世紀フランスのユグノー戦争がまさにそうした戦争でした。

ボダンに代表されるポリティーク派と呼ばれるひとびとがまさにそこに登場してくるわけです。彼らはユグノー戦争の惨状に直面して、宗教や道徳上の問題は政治が判断を下すべき問題ではないと考えることになります。政治の任務はもっぱら平穏と秩序を維持することに限定されるべきであり、それによって、正義どうしがぶつかり合う終わりのない内戦に終止符を打たねばならないと考えるわけです。事実ユグノー戦争は、一五九八年のナントの王令[注26]によって教義上の対立の決着を棚上げすることで和平に至ります。

ただしボダンも、平和をもたらすためならいかなる政治的術策も許されると考えていたわけではありません。ボダンにはじまる近代主権理論は、中世的な神学道徳とは違うかたちで政治の規範性を打ち立てようとする試みでもあるわけです。ですのでボダンは、「マキャヴェリズム」やその変種である国家理性論を敵視しています。国家主権というものは、一方では神学的な正義に関わる事柄ではなく、他方では単なる権力テクニックに尽きるものでもない。ボダンやホッブズの近代主権理論はこのいずれの両極端をも避けるなかで成立したのだとシュミットは考えています。

國分——宗教道徳からやっと自立化した政治を宗教以外の方法でなん

注26　一五九八年フランス国王アンリ四世がフランス西部のナントで発した宗教的和解の勅令。プロテスタントに信仰と礼拝の自由を認め，ユグノー戦争の終結をもたらした。

とか規範化しようとする。

大竹──第二次世界大戦直後の『獄中記』（一九五〇）などで、シュミットは自分のことを神学と技術のはざまに身をおいている法学者だとみなしていますが、このとき彼はボダンやホッブズの立場に自己同一化しています。そしてシュミットは、今日の法学がどんどん技術に支配される方向に向かっていると嘆くわけです。おそらく現代社会では、そのとき以上に統治の技術化が加速している。

リヴァイアサンの図像学

國分──大竹さんは「公開性の根源」で、有名な『リヴァイアサン』（一六五一）の口絵についての研究を紹介されていますね。主権と統治の対立の問題があの絵から読みとれるという話です。非常に興味深い論点だと思いますので、最後にこれを取り上げたいと思います。

この絵は版画家のアブラハム・ボス[注27]がホッブズの指示のもとに制

注27　（一六〇二─一六七六年）フランスの銅版画家。代表作に『都会の結婚』、連作『五感』がある。

図1 オリジナル版口絵　『リヴァイアサン』1651年

リヴァイアサンとは旧約聖書のヨブ記に登場する海の怪物。この有名な口絵は、版画家アブラハム・ボスが著者ホッブズの指示のもとに作製したエッチング作品である。頭部が君主の顔、身体が無数の臣民でできている。左手には宗教の象徴である司教杖、右手には軍隊の象徴である剣をもっている。下半分の右側は宗教と知性を象徴する図像である。上から、教会、司教冠《ミトラ》、破門を象徴する稲妻が描かれ、論理学・哲学の用語「三段論法」、「両刀論法《ディレンマ》」、「現実」、「意図」といった言葉が鋤《すき》か銛《もり》のような道具に記されている。一番下には学者たちが論議している場面が描かれている。反対の左側は武力の象徴する図像である。上から、砦、王冠、大砲、無数の銃や槍、そして、戦場。手前には騎兵隊の戦闘が、奥には歩兵隊の戦闘が描かれている。

作したエッチング作品です。ホッブズ自身が指示を出しているということですから、相当考えてつくり込まれた作品とみなしてよいと思われます。

まず大まかに全体を見てみると、画面の上半分には頭が君主の顔で、身体が臣民の集合によってできたリヴァイアサンの図像がある。そしてリヴァイアサンの左手には、宗教の象徴である司教杖が、右手には軍隊の象徴である剣が握られています。

これら宗教と軍事力の象徴は、画面の下半分の絵に対応しています。右側には宗教と知性を象徴する図像が描かれています。上から、教会、司教冠《ミトラ》、破門を象徴する稲妻、道具の上に描かれた論理学・哲学の用語——「三段論法」、「両刀論法《ディレンマ》」、「現実」、「意図」といった言葉が鋤《すき》か銛《もり》のような道具の上に記されていて、それらが道具として用いられることを象徴しているのでしょう——、そしていちばん下に学者たちが論議している場面が描かれている。

反対側は武力の象徴が描かれていて、上から、砦、王冠、大砲、無数の銃や槍、そして、戦場です。ちなみに戦場の場面ですが、手

Reinhard Brandt

Abbildung 2: Die ursprüngliche Komposition des *Leviathan*-Titelblattes

図2 脚部復元版

哲学史家のラインハルト・ブラントは陸に隠れて見えないリヴァイアサンの下半身を図像学的に復元し、その中心点が左胸の心臓部にあることを示した。

前に騎兵隊の戦闘が、奥には歩兵隊の戦闘が描かれています。

さて、問題はやはり上部に描かれたリヴァイアサンそのものの解釈ですね。大竹さんが紹介しているラインハルト・ブラントが、非常におもしろい図像学的な分析をしていて、[注28] このリヴァイアサンの幾何学的な中心点はその左胸、すなわち心臓部にあるというんですね。どういうことかというと、このリヴァイアサンは下半身が丘の向こうにあって見えない。というわけで、ブラントは足の部分を想像によって復元した。その復元図は、なんか間抜けというか、少し気持ち悪いんですが、復元した足も含めて中心を割り出すと、ちょうど心臓のところになるんですね。

ここからこういう解釈が導き出せます。絵をざっと眺めると、頭脳たる主権がリヴァイアサンという国家を統治しているように見える。ところが、国家の中心は身体という機械を司る心臓である。したがってこの図から、ホッブズの思い描くリヴァイアサンにおける、頭脳たる主権と、機械として作動する身体を司る執行権力との相克が読みとれるというわけです。

注28 Reinhard Brandt, 《Das Titelblatt des Leviathan,》 in: Philip Manow/ Friedbert W. Rüb/ Dagmar Simon (Hrsg.), *Die Bilder des Leviathan. Eine Deutungsgeschichte*, Nomos/Baden-Baden 2012, S.13.（國分）

大竹――ホッブズがヨーロッパ大陸旅行でのガリレオやデカルトなどとの交流によって機械論的な自然観を身につけ、それが『リヴァイアサン』にも反映していることは知られていますね。本文でも国家を「人工的人間」とか、「可死の神」とかいっている。ひとつの有機的全体というよりも、分解することもありうる機械的なメカニズムとしてとらえている。

國分――その機械的なメカニズムとしての身体と、それを統御する主権という頭脳の対立が、この口絵から読みとれるというのは非常におもしろい話です。一般には、リヴァイアサンの身体が臣民でできているというところまでしか語られませんからね。

大竹――政治体を人間の身体に例える考え方は、ホッブズ以前から伝統的にあります。ただホッブズの場合、それがなんらかの魂によって統一された神秘的身体というよりも、もっと機械論的に理解されていますね。

ホッブズのリヴァイアサンが最終的には魂をもたないただの機械に行き着くというのは、シュミットがそのホッブズ論『リヴァイアサン』（一九三八）でおこなっている指摘です。いかに絶対主義的に見えようと、ホッブズは信仰や良心といった個人のプライベートな内面にまで国家権力が及ぶとは考えていないからです。そうしてホッブズは、国家は私的な活動の自由を脅かさない限りでのみ存在するという、近代リベラリズムの思想へと道を開いたというわけです。ホッブズのリヴァイアサンに公的領域と私的領域を分離するリベラリズムの思想が見出せるということは、もともと一九世紀末のフェルディナント・テンニエス[注29]の研究によって明らかにされました。テンニエスは社会学の文脈で『ゲマインシャフトとゲゼルシャフト』（一八八七）が有名だけど、ホッブズ研究者としてもよく知られています。『リヴァイアサン』の口絵でいうと、その上半分に描かれている光景のうち、リヴァイアサンの姿が公的領域としての国家権力を、その下にある町がリヴァイアサンに守られた私的領域としての市民社会をあらわしているという理解が多いです。

注29　（一八五五―一九三六年）ドイツの社会学者。著作に『ゲマインシャフトとゲゼルシャフト』など。

國分――そのあたり、解釈はいろいろあるようで、僕がもってきたマグヌス・クリスチアンソンとヨハン・トララウの「ホッブズの隠された怪物――『リヴァイアサン』の口絵の新しい解釈[注30]」という論文ではまったく違う解釈をしています。先に名前のあがったブラントの解釈を直接に批判しているものです。

いちばんおもしろかったのは、このリヴァイアサンは手前の街を守っているのではなくて、そこに攻めてきているのではないかという問題提起です。この街はよく見ると兵隊しかいない。街の駐屯地らしき箇所の前にはバリケードらしきものが見える。向かって右側の海には、軍艦らしき船が四隻描かれており、山の砦はそれらに向かって大砲を撃っているような煙を噴いている。つまり、リヴァイアサンが海の向こうから攻めてきていて、街はいま戦争状態にあるというわけです。

さらにこの論文のおもしろいところは、リヴァイアサンの隠された下半身の解釈でして、隠された部分は人体のようではなく、当時よく描かれた「海人（homo marinus）」のように、竜の尾っぽのよう

注30　Magnus Kristiansson and Johan Tralau, "Hobbes's hidden monster: A new interpretation of the frontispiece of Leviathan", *European Journal of Political Theory*, published online 30 September 2013.（國分）

になっているのではないかというんです。その根拠になっているのは、剣をもったリヴァイアサンの右手の下に見られる謎の突起物です。肘のあたりと手首のあたりにいくつか謎の突起物がある。これは従来は針葉樹ではないかと考えられていたらしいんですが、絵のほかの部分に描かれている木はすべて広葉樹です。つまりこれは木ではなくて、竜の尾っぽの先の尖った部分がほんの少しだけあらわれ出ているのではないかというんです。

かなり独創的な解釈ではありますが、僕はおもしろいなと思いました。この解釈によれば、リヴァイアサンの恐ろしい部分は隠されているということになる。それは国家の恐ろしさが平時には見えないということとの隠喩ではないか。この絵に描かれたリヴァイアサンの上半身というのはかなり見栄えがいいわけですよね。スタイルがいい。でも、隠された部分は恐ろしい竜である。国家は隠された部分に恐ろしさを隠しもっているというわけです。

大竹──なぜホッブズが国家の比喩としてリヴァイアサンという海の

A

B

C

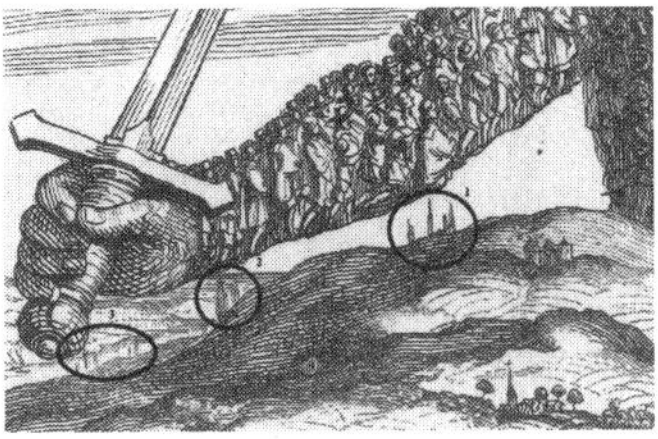

D

E

図3 クリスチアンソンとトララウによる「リヴァイアサン」拡大図の分析

A：背景の海の部分を拡大してみると数隻の帆船が見える。

B：建物からは大砲のようなものから煙が出ている。

C：街中の駐屯地には、銃を携えた兵隊たちの姿が見え、またその入り口付近にはバリケードのようなものが築かれている。

D：丘の上に、尖った突起物が描かれている。

E：リヴァイアサンの下半身は、当時描かれた「海人」のように、竜の尾をもっているのではないか、とクリスチアンソンとトララウの論文は推測している。

怪物をもってきたのかは、必ずしも明らかになっていませんよね。陸の怪物ビヒモスでもよかったはずなのに。その解釈だと、このリヴァイアサンは海からやってきたと考えられるわけですか。

國分——そうですね。マグヌス・クリスチアンソンとヨハン・トララウは、スペインの無敵艦隊が「竜」として表象されていた事実を傍証として挙げていますね。ホッブズが生まれるころ、無敵艦隊がイギリス侵略の機会をねらっているといううわさがあり、その恐怖のせいでホッブズの母親はホッブズを早産したという話がありますよね。ホッブズはその話をずいぶんと気にしていて、自伝でも「自分は恐怖との双生児であった」とか書いている。

こういう図像の解釈というのはなかなか決定打を出せませんし、僕もまったくの専門外なんでわからないんですが、一応、筋はとおってる解釈だなとは思いました。リヴァイアサンが攻めてきているという可能性も考えながらこの見慣れた絵を眺めると、また違った景色が見えてくるんですね。『リヴァイアサン』には「獲得によるコモン-ウェルス」という概念があって、暴力的に集団が併合されることでも国家は生成するといわれています。いままさにそれがおこなわれんとしている絵かもしれないんですね。

――ホッブズがイギリス人だというのは関係ありませんか。

大竹――それはかなり関係があると思います。一七世紀のイギリスはみずからを海洋勢力として自覚しつつありました。ちょうど海洋覇権をめぐってオランダと争っていた時期にあたります。

ちなみに、一六五一年にイギリスで出版されたオリジナル版『リヴァイアサン』の口絵と、一六六七年に出版されたオランダ語版『リヴァイアサン』の口絵とのあいだには、微妙だけど興味深い違いが見てとれます。オリジナル版の口絵を見ると、隠れているリヴァイアサンの下半身は、背景に描かれている海のなかにつかっていると見ることもできます。國分さんが紹介してくれた解釈にあるように、リヴァイアサンはまさに文字通り海の怪獣として描かれているとも理解できるわけです。

ところがオランダ語版の口絵では、向かって右側のリヴァイアサンの背後にはたしかに同じように海が描かれていますが、背景の地平線をよく見ると、リヴァイアサンと海とのあいだには陸地が広がっているような描かれ方をしています。つまり、オランダ語版のリヴァイアサンは海から切り離されて、完全に陸地の上にいる存在として描かれているわけです。ここから読みとれるのは、当時のオランダもたしかに海洋勢力ではあったけれど、イギリスのように島国ではないので、みずからをどちらかというとヨーロッパ大陸世界の一員としてとらえていたということです。そんな煮え切らない態度だから、イギリスとの海洋覇権争いに負けたのかもしれないけれど。とにかく、美術史家のホルスト・ブレーデカンプは、こうしたイギリスとオランダとの違いが、『リヴァイアサン』の二つの版の口絵の微妙な違いとなってあらわれていると見ています。注31

國分——ホッブズは『ビヒモス』（一六八二）という歴史書も書いてい

注31　Horst Bredekamp,《Die Brüder und Nachkommen des Leviathan,》in: Philip Manow/ Friedbert W. Rüb/ Dagmar Simon (Hrsg.), *Die Bilder des Leviathan*, a.a.O., S.59.（大竹）

図4 オランダ語版口絵

リヴァイアサンの背景の右側の部分にはオリジナル版と同様に海が描かれているものの、背景の地平線の位置を見ると、このオランダ語版のリヴァイアサンは海から切り離されて、完全に陸地の上にいるものとして描かれている。この違いは島国イギリスと大陸国家オランダの地理的差異を反映したものと解釈することもできる。

『リヴァイアサン』オランダ語版1667年 関西学院大学図書館所蔵　撮影：伊藤菜々子

ますよね。ピューリタン革命時代のイギリスの内戦を描いた著作です。つまり陸の怪獣ビヒモスは、内乱と無秩序の象徴である。それに対し、戦争状態の解消をもたらす国家は、海の怪獣リヴァイアサンによって象徴された。なぜそれが逆ではいけなかったのかというのは大きな問題として残る。先ほど僕が紹介した解釈だと、海から攻めてくるからリヴァイアサンなのだということになるでしょうが、それは十分な解釈といえるかどうか。それにいま大竹さんが紹介してくれた、オランダ語版だと背景は陸のようですし。

とにかく、ホッブズの『リヴァイアサン』はまさしく近代政治哲学を創設した著作だと思いますが、その内容だけでなく、その口絵によっても読み手の解釈と想像力をかき立て続ける本だということですね。実際、僕らの対談の大きなテーマである主権と統治の関係も、すでにこの本のなかにその問題の雛形があったわけですから、本当に驚くべき古典であると思います。

第四章

新自由主義の統治をめぐって

ナチスとオルド自由主義

大竹――『atプラス』誌での連載「公開性の根源」では、主権から統治が分離していくという事態を問題にしてきました。このとき念頭においていた問題のひとつに、今日の新自由主義があります。統治が国家による直接のコントロールの手を離れ、場合によっては民営化されていく状況をどう考えるべきか。これを政治思想史の視点から考察してみたかった。

ミシェル・フーコーの講義録『生政治の誕生』（講議は一九七八―七九年、二〇〇四年）でも論じられていますが、世界大恐慌の時期に生まれたドイツの「オルド自由主義」は新自由主義のさきがけと見なされています。オルドというのは秩序という意味ですから、「秩序自由主義」とも訳されている。オルド自由主義の考え方で特徴的なのは、自由な市場競争を重視しつつも、そうした市場競争を政治の手で人為的につくり出そうとしている点です。つまり競争というものは、ひとびとが勝手気ままに争う無秩序状態ではなく、国家のもとでひとつの秩序としてアレンジされねばならないということです。ここがアダム・スミス[注1]のような古典的な自由主義と異なるところです。スミスの場合、神学的な摂理という新ストア主義[注2]の思想に強い影響を受けていたので、ひとびとが自由に競争するなかで調和と均衡は自然に生まれてくるはずだと考えることができました。「自由放任（レッセ＝フェール）」にしても、おのずと神の「見えざる手」が働くわけですね。しかし、一九三〇年代の世界大恐慌を経験したオルド自由主義は、もはやこうしたナイーヴな楽観論に立つことはできません。たしかに調和と均衡は、市場競争のもとで実現されます。しかし、国家こそがこの競争をみずからの手で人為的につくり出すのです。

実はオルド自由主義とシュミットには関係があります。オルド自由主義の経済学者にアレクサンダー・リュストウ[注3]というひとがいますが、彼が一九三二年九月に「社会政策学会」でおこなった有名な講演があります。俗に「新自由主義の最初の宣言」などといわれて

注1　（一七二三―一七九〇年）イギリスの経済学者。著作に『国富論』、『道徳感情論』など。

注2　ギリシアのストア主義を復興しようとした一六世紀の思想。代表的な思想家にリプシウスやモンテーニュがいる。

注3　（一八八五―一九六三年）ドイツの経済学者。

いる講演です。これが雑誌に発表されたときに付けられたタイトルが興味深い。「自由な経済――強い国家」というものです。[注4]「自由な経済」と「強い国家」という一見対立するように見える二つの事柄を、リュストウはともにスローガンとして掲げているわけです。この講演にはシュミットの影響がかなり強く見られます。事実、この時期シュミットとリュストウのあいだには非常に親密な交友関係がありました。リュストウはシュミットにならって、経済は社会のさまざまな利益団体に左右されない強い国家によって導かれねばならないと述べています。世界恐慌の危機を克服するためには、国家の強力な役割が必要だ、と。この点ではふたりの考えは共通しています。

しかし、ふたりが期待する国家の役割に違いがあります。何度もいっているように、この時期のシュミットにとって強い国家とは行政国家のことです。つまり、執行権力の拡張によって危機に対応しようとする国家です。他方、リュストウももはや自由放任をナイーヴに信頼することはできず、国家による経済への介入を求めています。ただし、その「介入」の意味合いが少し独特です。つまり、そ

注4　Alexander Rüstow, "Freie Wirtschaft — Starker Staat," in: *Schriften des Vereins für Socialpolitik*, Bd. 187, Dresden 1932, S.62-69.（大竹）

れは市場競争を活性化させるための介入、市場の法則にのっとった介入でなければならないというのです。いかなる利益団体をも超越した強い国家の介入があってはじめて、公正な市場競争が生まれるというわけです。

ですからオルド自由主義というのは、一方では、完全な自由放任にもとづく市場競争という考え方をとってはいません。しかし他方では、国家の行政権力を強めて社会福祉的な介入をすすめていくという考え方もとりません。ナチスや共産主義はもちろん、ケインズ主義にまで全体主義の危険を見るのです。オルド自由主義は国家の役割を重視するけれども、それは市場競争をつくり出すための国家です。国家と市場、主権と統治との分離がこのあたりから見えはじめている。

フーコーのオルド自由主義評価

國分——しばしば新自由主義のさきがけと見なされるオルド自由主義

を論じるにあたっては、いま大竹さんが言及したフーコーの講義録『生政治の誕生』がひとつの重要な参考文献になるかなと思います。僕がオルド自由主義について詳しく知ることになったきっかけもこれでした。この講義は一九七八年から七九年にかけておこなわれたものですが、この時期はちょうど、『知への意志』を一九七六年に出版したフーコーが、しばらくものを書けなくなってしまった沈黙の期間にあたる。講義録の出版でこの時期にフーコーが何を研究していたのかがわかってきたわけですが、あのころのテーマのひとつが新自由主義の研究だった。その文脈で、オルド自由主義の研究もおこなわれている。新自由主義が盛んに論じられるようになるのは少しあとのことだと思いますので、フーコーはかなり早い時期にこの問題に手を付けていたといえます。

　フーコーはさまざまな論点を挙げていますけれど、ひとつは、ナチスとオルド自由主義の関係ですね。「オルド自由主義」という名前は、ヴァルター・オイケン[注5]という経済学者が一九三六年に創刊した『オルド』という雑誌に由来します。オイケンというひとは、早

注5　（一八九一―一九五〇年）ドイツの経済学者。オルド自由主義の

い時期から反ケインズ主義的な論文を書いていたし、ナチス時代には沈黙を守り、フライブルク大学教授にとどまった。[注6]基本的には反ナチスの立場だったということでしょう。

大竹―そうですね。オイケンは奥さんがユダヤ人ですし、ナチス時代はいろいろ危ない目にもあったようです。リュストウもナチスが政権をとると国外に亡命し、シュミットとの交友関係も断っています。ただ、「社会的市場経済」という言葉を生み出したとされるアルフレート・ミュラー＝アルマック[注7]というひとはナチスに入党したりしている。同じオルド自由主義者でも、ナチス時代の身の振り方はひとによって違いますね。

オルド自由主義者たちはむしろ戦後の西ドイツで大きな役割を果たしています。リュストウ、ヴィルヘルム・レプケ、[注8]とりわけミュラー＝アルマックは、初代首相アデナウアーのもとで経済大臣となったルートヴィヒ・エアハルト[注9]――のちに第二代首相になりますが――に影響を与え、「社会的市場経済」という新自由主義的な理

中心となった雑誌『オルド』を創刊。

注6　ミシェル・フーコー『生政治の誕生』慎改康之訳、筑摩書房、二〇〇八年、一二七頁。（國分）

注7　（一九〇一―一九七八年）ドイツの経済学者。

注8　（一八九九―一九六六年）ドイツの経済学者。ナチス台頭後は亡命。五〇年に西ドイツ政府顧問になる。

念が一九五〇年代の西ドイツの経済復興に寄与したとされています。

もっとも、この「社会的市場経済」という概念はちょっと両義的で、しだいに「市場経済」よりも「社会的」という部分が強調され、市場を矯正するケインズ主義的な社会福祉のほうに力点が移っていきます。結局、ドイツは左右を問わず社会国家の伝統を守る考えが強いからでしょう。政権政党であった右派のキリスト教民主同盟内部でも、エアハルトのような新自由主義よりも、アデナウアーに代表されるキリスト教社会主義の考え方のほうがどちらかというと優勢でした。

注9 （一八九七―一九七七年）ドイツの政治家。一九六三―一九六六年まで西ドイツ首相。

國分――ナチズムとオルド自由主義の関係についてですが、オルド自由主義者たちはナチズムから三つの教訓を引き出したのだとフーコーは述べています。

まず、ナチズムは怪物ではない。ナチズムは一個の真理である。どういう意味かというと、ナチズムが体現したのは、ある方向性を採用したならば避けることのできない不可避のシステムであったというのです。もう少し詳しくいうと、ナチズムにおいては、保護経済、扶助経済、計画経済、ケインズ主義経済という四つの要素が固く組み合わさってひとつの全体を形成している、と。これら四つは、そのうちのどれかひとつを選ぶと、その他の三つも採用せざるをえない、そのような体系をなしている。オルド自由主義はこの体系に反対するかたちで生まれた。

大竹――オルド自由主義はナチズムに対する批判から出てきたといえますね。ナチスという肥大化した行政国家へのアンチとして新自由主義が登場した。ハイエクなんか典型的です。

國分――オルド自由主義がナチズムから引き出した教訓の二つ目としてフーコーが挙げているのが、それですね。つまり、ナチズムは国家権力の無際限の増大であった。これは逆説として説明されています。というのも、ナチズムは当初、民族の共同体を目指していたのであり、国家という制度的なものの消滅を導こうとする試みであったからです。ところが、それとは正反対に、肥大化した行政国家になっていった。

三つ目は、ナチズムこそが大衆社会を生み出したという教訓です。これも逆説です。ナチスはブルジョワ資本主義社会を批判し、民族の有機的な結びつきを志向していたけれども、結果として生み出されたのは、規格化された画一的消費社会であり、記号とスペクタクルからなる大衆社会である、と。前に「新中間層」の話をしましたが、彼らのような、自然な共同体から引き離されアトム化した個人を「血の共同体」で救済するというのがナチズムの当初の理念だった。ところが、むしろナチズムによってこそ、記号消費とスペクタクル社会が促進された。前代未聞の巨大な党大会やフォルクスワーゲン（国民車）の理念など、ナチズムがやったことはどれも大衆社会・消費社会の促進にほかならなかったというわけです。

ここからオルド自由主義は、大衆化が起こるのはブルジョワ資本主義のせいではなくて、きちんとした自由主義がないからだと考えるようになる。

大竹―自由主義の行き過ぎによって大恐慌が起こりナチスが台頭したというのではなく、逆に、自由主義が正しく機能していなかったからそうなってしまったという考えですね。

國分―そうですね。ナチスへの反省は、自由主義の再評価としてあらわれる。では、オルド自由主義がどのような思想を組み立てていったかということですが、フーコー自身はこんなふうに定式化しています。「国家の監視下にある市場よりもむしろ、市場の監視下にある国家を」、と。[注10]つまり、市場の原理を国家を調整する原理にしていく。フーコー自身は、オルド自由主義の思想をそのように定式化し、国家によって経済的自由の空間監視するというそれまでの古典的な自由主義と対置させています。そして、この新しい自由主義が、競争至上主義といわれる新自由主義のプロトタイプになったというわけです。

いま誰もが簡単に「ネオリベ」という言葉で新自由主義批判をしますけれども、ナチズムに対する反省から新自由主義が生まれたの

注10 『生政治の誕生』一四三頁。(國分)

だとすれば、ことはそう簡単ではないことになる。その意味でも、さっきのシュミットとリュストウの国家観の違いは非常におもしろいと思います。シュミットはナチスに近寄り、リュストウは亡命する。つまり、強い国家といっても全然違うということですよね。

大竹―そうですね。リュストウは先の講演のなかでシュミットの議論をふまえつつ話をしていますが、実際に主張していることはシュミットとは正反対であるといえます。オルド自由主義の立場からすれば、シュミットがいう「強い国家」は、社会主義、ナチス、ケインズ主義といった全体主義と同列のものです。ただ、市場のほうが国家を統制する上位の原理とまで見なされるのは、オルド自由主義というよりも、その後アメリカで生まれたシカゴ学派[注11]においてではないでしょうか。

國分―たしかにその点はフーコーの分析に対して少し距離をとらねばならないところだと思います。フーコーはオルド自由主義の思想

注11　シカゴ大学経済学部を中心とした経済学派。ミルトン・フリードマンがよく知られる。

を、市場の原理によって国家をも組織化させる思想だとしていますが、ことはそう単純ではない。

大竹――オルド自由主義にとって、国家は競争秩序の基礎であり前提です。依然として国家が重要な役割を負っている。

國分――『生政治の誕生』という講義録については少しその位置づけについて補足をしておいたほうがいいですね。

フーコーはこの講義の二年前に出版された『知への意志』で、「生政治」という概念を提唱しました。民衆に対する生殺与奪の権利をもった権力ではない、民衆を生かしつつ、統計学的に管理していく権力が一八世紀ごろから出てきた、と。これは要するに、国民国家の要請にもとづいてあらわれた権力です。民衆を立派な経済主体に育て上げることでこそ、国力が増大するし、治安も保たれる。「生政治の誕生」という講義では一八世紀にあらわれた「生政治」がその後、どのように発展していくのかがたどられています。その帰結のひとつが一九七〇年代以降の新自由主義であり、オルド自由主義はそうした新自由主義の起源として引き合いに出されている。

フーコーの議論には非常に興味深い点も多く、また当然そこでは鋭い分析がなされているわけですけれども、フーコーが結局この論点を書籍にするまでには至らなかったということは確認しておきたいと思います。われわれの共通の友人である石岡良治さんが強調している点ですが、フーコーは一冊の書物を書くたびに新しい研究領域を開いていった。[注12] 逆に、新しい研究領域を開くほどのインパクトはもちえないと判断すると、テーマがどれほど興味深いものであろうとも書物にはしない。石岡さんはそうしたテーマの一例としてフーコーのマネ論を挙げていますが、新自由主義論も同じです。だから、フーコーはみずからの新自由主義論について、一定の留保をもっていたことは注意しておくべきでしょう。フーコーにおいては、書物と講義録を同等に扱うことはできない。

実際、オルド自由主義への評価そのものが新自由主義への批判からなされている感じで、やや乱暴との印象は否めません。たしかに

注12　石岡良治「ミシェル・フーコーと「手法外」の作品」『現代思想総特集＝フーコー』二〇〇三年一二月臨時増刊号、青土社、九四頁。（國分）

シカゴ学派をはじめとするアメリカの新自由主義では、市場が国家を調整する原理にまで高められていく。しかし、オルド自由主義の場合は、国家に重要な役割が期待されているというわけですね。

大竹——たしかに国家からある程度自立した民間活力のようなものを強調してはいるのですが、それを国家の政策によって下支えしようとしている。たとえば、戦後のリュストウが提起した概念に Vitalpolitik というものがあります。「生命政策」あるいは「生命政治」とでも訳せるでしょうか。もっぱらひとびとの経済状態の改善だけを目的に給付をおこなってきた従来の社会政策への批判から出てきた概念です。彼によれば、人間はそもそも家族や中間団体といったさまざまな自然的な共同体のなかでこそ生き生きと暮らすことができる。国家はこのような人間本来の生にしたがった共同生活を保護し、それがみずから成長するよう促す政策をとらねばならないというのです。ハイエクの「自生的秩序」と同じように、国家に先立って、計画や作為によってつくられたのではない自然的な秩序があると想定されているわけです。それがみずからの可能性を自分で開花できるようにするのが、国家の役目だとされます。

國分――オルド自由主義はシカゴ学派の起源であるとはいえるかもしれないが、そこには大きな違いがある、と。

大竹――オルド自由主義は社会の自助を国家が支えるという発想をしている。

國分――ただし、現在の新自由主義はまったくそうなっていない。

大竹――シカゴ学派に近づいているようですね。

國分――オルド自由主義が古典的自由主義と異なるのは、市場の原理を交換から競争に変えたことだとフーコーは強調しています。[注13] 市場の経済的合理性を保証するのは競争である、と。競争を原理として

注13 『生政治の誕生』一四七頁。(國分)

いる点は、オルド自由主義とシカゴ学派に共通するところとみなしてよいでしょうか？

大竹――オルド自由主義は、名前の通り「秩序」をつくるというところに力点があります。単なる競争だけではないと思います。それに対して近ごろの新自由主義には、競争のなかで秩序をつくるというより、もっぱら競争によって成長するということを重視する傾向があるようです。これはむしろシュンペーター的に見えます。彼はイノベーションによる経済成長をいいますが、それによってなんらかの秩序や均衡が生まれるといった考えはあまりないとしか思えません。

國分――たしかに、現在の新自由主義を特徴づけるのであれば、むしろ「創造的破壊」といっていたシュンペーターを引き合いに出すほうがいい感じがします。すると、オルド自由主義と現在の新自由主義とはあまりつながっていない気がしてくるんですが……。

大竹——国家の役割を認めつつも、それをあくまで社会の自発的な発展を促すためのものととらえた点では、オルド自由主義は主権と統治の分離に向けて一歩踏み出したといえるのではないでしょうか。

國分——主権によって統治をコントロールするというのが法治国家あるいは主権国家の理念だった。しかし、それはあくまでも理念でした。そこでオルド自由主義は、経済領域を独立させつつも、競争と秩序がそのなかでつくり出されるように、国家がアクティベーションとでも呼ぶべき役割を担うのがよいと考えた。こういう理解でいいですかね。

大竹——そう考えていいと思います。一九三〇年代になってシュミット＝ナチス的な行政国家の考えとは別に、オルド自由主義の考えが出てくる。執行権があらゆる社会領域に介入するのではなく、国家は基礎となる秩序の形成だけをおこない、具体的な活動は社会のアクターにまかせるという考えです。この意味ではオルド自由主義的な考えは現代の新自由主義までつながっていると思います。

国家の役割

國分――オルド自由主義のような思想が出てくる理由はよくわかるわけです。国家の肥大化に歯止めをかけなければならないという問題意識はよくわかる。ここで考えなければならないのは、統治のさまざまな事業が民間委託されていったとき、その事業についての責任がどうなるかだと思います。

たとえば『生政治の誕生』でフーコーは、オルド自由主義の社会保障の考え方をまとめています。それによれば、「真の社会政策は、経済ゲームにおいては何に対しても手を触れず、〔…〕それ〔援助〕を必要とする人々に対し、それ〔援助〕が必要とされているときにのみ、援助を行う」[注14]ものである、と。これがいまどんどん徹底され、福祉に関する国家の役割がないがしろにされています。

注14 『生政治の誕生』二五六頁。
（國分）

大竹――生存権の保障のように近代国家の最低限の任務とされてきたものが民営化される場合、誰が最終的な責任を担うのか、誰がアカウンタビリティを負うべきかという問題は絶対に避けてはとおれません。

國分――社会保障の話ではないんですが、沖縄県辺野古のアメリカ軍新基地建設のニュースを見ていてびっくりしたことがありました。あの工事現場を日本の有名な民間警備会社が警備しているんです。警察官や機動隊にやらせるのではなくて、警備を民間委託しているわけです。その警備員たちの前で、基地建設に反対のひとたちが抗議をしている。実に巧妙なやり方といわなければなりません。反対運動のひとたちが抗議しても、彼らは警備を頼まれただけの社員やアルバイトであってなんの事情も知らされていない。つまり、なんのアカウンタビリティもない。

小川伸介[注15]の成田闘争を描いた映画なんかを見ていると、デモ隊と機動隊がぶつかって、「こんなこと正しいと思ってるのか！」って

注15 （一九三五―一九九二年）ドキュメンタリー映画監督。作品に

叫び、それに対して警察もいい返したりして対話らしきものがあったわけですけど、それもない。というか起こりようがない。

大竹——そういう言い合いは、いちおう本人たちに国家公務員という自覚がある警察を相手にしてはじめて成り立つわけですからね。

國分——ほとんど喜劇的ですらある。なんの事情も知らないで警備の仕事のアルバイトで来たらアメリカ軍基地建設現場の警備だったということもありうるでしょうね。実際、イラクの民間軍事会社ではそういうことが起こった。輸送の仕事を紹介されてイラクに行ったら、雇い主は民間軍事会社で、仕事は軍需品の輸送だったため攻撃目標になったというような話です。

さらに驚いたのは、工事現場を守る警察官の前に民間の警備会社の警備員たちが立って、警察官たちを守っていることです。依頼している側の政府としては、なんの責任も取らなくていい警備会社の警備員——アルバイトもいるでしょう——を使って、警備担当の公

『圧殺の森』、『日本解放戦線 三里塚の夏』など。

務員を守らせている。いつの間にか、日本でも事態はそこまですすんでいる。警備させているのは軍事基地ですから、これは立派な軍事の民営化の事例に該当すると思います。日本でも軍事の民営化がすすんでいる。ここでもやはり、責任の問題がないがしろにされています。

大竹――最終的な責任の所在がどこにあるのかという問題は、軍事力行使の場合はとりわけ重要ですよね。

國分――第一章で話したように、国家でなければ担えないセクションは確実に存在します。福祉や教育にはナショナルミニマムという考えが必要です。それらとはまた異なった理由からですが、警察や軍事というのも国家が担わないと大変なことになる。

大竹――国家の暴力独占を批判する言説は昔からありますが、ではそうした独占が揺らいだときどうなるのか。軍事力を行使する権限のあるアクターが国家以外にも多数生まれてきてしまった場合、そのとき暴力はいまの主権国家体制以上に効果的にコントロールできるのか。近年、民間軍事会社だけでなく、国際テロ組織との関連でも深刻に問われている問題です。

國分――たとえばポール・バーホーベン[注16]の一九八七年の映画『ロボコップ』では、警察も民営化されたディストピアが風刺的に描かれていますが、沖縄のアメリカ軍基地建設現場の映像を見たとき、「『ロボコップ』の世界ですら、もはやそれほど非現実的な世界ではない」と思ってしまったんです。

警察や軍事は近代主権国家の二大暴力装置で、主権のある種の根拠だったわけですよね。力こそが支配の正統性を担保するという前提があって、それをどうするかなんてことを考えていたら、支配層がやすやすと暴力装置を民間にアウトソーシングしはじめたということではないでしょうか。

注16　一九三八年生まれ。オランダの映画監督。作品に『トータル・リコール』、『氷の微笑』など。

大竹──暴力そのものの完全な廃棄をめざす絶対平和主義の立場に立つなら別ですが、いまのところ、人類は国家というもの──これは主権国家だろうが世界国家だろうが同じことですが──以上に有効な暴力コントロールの手段を見つけられていないですからね。

國分──すると、暫定的な結論として、福祉や教育といったナショナルミニマムの考え方が必要な領域、そして、軍事や警察といった暴力をコントロールしなければならない領域、この二つにおいては、いまのところ国家というものの役割は否定できないということになりますかね。あくまでも、暫定的な、開かれた結論としてです。

そうすると僕自身は、法の制定だけでなく法の運用・適用の場面に主権者がどう関われるかというそもそもの関心にふたたび戻っていく感じです。それらの領域は法の適用の場面そのものですね。ならば、どうやってそれらを主権者である民衆に開いていけるか、あるいはどうやってそれらを民衆が監視できるか。

行政国家に対する反省というのはずっとあるわけですけれど、それはいつも「政治主導」というかたちになっていました。政権交代したときの民主党もそうだった。それはそれで大切です。でも、主権者は立法権に関われればそれでいいという考えがいまだに強い以上、民衆が行政に関われる制度を用意していく必要があるという考えはいまも変わりません。

「効率性」ではなく「有効性」

大竹――行政のあり方に変化が必要だと國分さんはよくいっていますが、行政改革というのはそれこそ昔からいろんなひとが扱ってきたテーマです。たとえば、ちょっと前に日本で流行した経営学者のピーター・ドラッカー[注17]などが挙げられます。彼もオーストリア出身のユダヤ人で、ナチスを逃れて国外亡命したひとです。全体主義の危険を身をもって経験しただけに、オルド自由主義やハイエクと似たような考えをもっていて、国家の活動領域が広がることに対して非常に警戒感をもっていました。ただドラッカーもまた、単純に国家

注17　(一九〇九―二〇〇五年) オーストリア生まれの経営学者。「マネジメント」で知られる。著作に『マネジメント』、『経営者の条件』など。

の役割を否定しているわけではありません。

『断絶の時代』（一九六八）という著作で彼が提案しているのは、政府と民間のアクターとの役割分担です。[注18] 政府にはたしかに意思を決定するという役割がある。しかし、その決定を政府自身が実行に移そうとすれば、多大なコストと作業の不効率を招くことになる。多くの役割を担えば担うほど、政府はかえって弱体化する。だから、政府はむしろ意思決定だけに専念し、その実行を民間のアクターにゆだねることでこそ、強い政府であり続けることができる、と。ドラッカーは、国家を否定するのではなく、国家をもっと活力あるものにするためにこそ、国家の役割は限定されるべきだといっています。

國分——ドラッカーの経営学も、全体主義の経験が背景になっているわけですね。とはいえ、国家のような組織を否定するのではない。むしろそれを有効に機能させることを考えた。ドラッカーのいう意味での政府と民間のアクターとの役割分担も、その文脈で理解でき

注18　ピーター・ドラッカー『ドラッカー名著集7　断絶の時代』上田惇生訳、ダイヤモンド社、二〇〇七年。（大竹）

ると思います。

大竹――さらにいうと、そうしたドラッカーの考えに影響を受けた本として、デビッド・オズボーンとテッド・ゲーブラー[注19]の『行政革命』（一九九二）があります。[注20]新自由主義でも古典的な福祉国家でもない第三の道を示した本としてもてはやされ、クリントン政権[注21]の行政改革に影響を与えています。改革派知事として注目された北川正恭元[注22]三重県知事なども読んで感銘を受けたようです。そこでいわれているのは、政府の役割はサービスの提供ではなく、「エンパワーメント」にあるということです。つまり、市民が自分たちの問題を自分で解決できるようになるのを助けることだ、と。イギリスのブレア[注23]政権の「第三の道」に見られるアクティベーションの考え方に近いといえます。たとえば、失業者にお金を与えるのではなく、職業訓練を通じて自立して働けるようにするワークフェア政策などが典型的ですね。

しかし、このような「第三の道」もいまではすでに散々批判され

注19　クリントン政権のアルバート・ゴア副大統領のアドバイザーをつとめた。著作に『行政革命』、『財政革命』など。

注20　デビッド・オズボーン／テッド・ゲーブラー『行政革命』野村隆監修、高地高司訳、日本能率協会マネジメントセンター、一九九五年。（大竹）

注21　一九四六年生まれ。一九九三年から二〇〇一年まで第四二代アメリカ大統領。

注22　一九四四年生まれ。日本の政治家。一九九五年から二〇〇三年まで三重県知事。著作に『マニフェスト革命』など。

ていますね。アントニオ・ネグリ[注24]もそれを新自由主義の変種にすぎないといっていますし、職業訓練によって労働者の自立を促すという政策が実際にうまく機能していないことで、ベーシックインカム[注25]のような主張が注目されるようになります。僕自身はベーシックインカムに懐疑的ですが、かといって「第三の道」でもいいのか。自立的に活動する民間のアクターを活性化させて、統治に組み込むということである程度やむをえないのか。

國分──僕もベーシックインカムのようなやり方には懐疑的です。これこそ、「人間にはパンを用意しておけばそれでいい」という考えではないか。それに、「第三の道」を支持するかどうかはともかくとして、失業者にお金を与えるだけではなく、彼らが仕事を見つけて自分なりに働いていけるように政府が職業訓練なりなんなりの支援をしていくというのは方向性としては基本的に正しいと思います。これはつまり、福祉をより多様化するということですね。僕にはベーシックインカムの考えのほうが新自由主義的に見える。個々

注23　一九五三年生まれ。一九九七年から二〇〇七年までイギリス首相。

注24　一九三三年生まれ。イタリアの哲学者。著作に『〈帝国〉』(マイケル・ハートとの共著)、『野生のアノマリー』など。

注25　政府がすべての国民に対して最低限の生活を送るための現金を無条件で定期的に給付する制度。

人のことを抽象的に考えている。
あと、政府と民間のアクターとの関係ですが、民間のアクターといっても、いろいろある。いちばん多く存在しているのは民間の企業だけれども、NPOも民間のアクターだし、しかも現在では社会のなかで大変大きな役割を担っている。あるいは大学も民間のアクターのひとつでしょう。民間のアクターを活性化させるという場合、社会が政府対民間という単純な図式には収まっていないことは考慮すべきで、そのうえで、国家の責任ははっきりさせることが大切だと思います。

大竹――国家ではなく民間のアクターにしかできないことは当然たくさんあります。だからといって、「国家は終わった」などと単純にいうことはできません。オルド自由主義に特徴的なのは、自由な市場競争を強調しながらも、それが根本的には国家を基礎とすると考えているところです。この点では、政治を市場原理におき換え、人間をホモ・エコノミクス（経済的人間）に切り詰めようとするシカゴ学派よりも正しいのではないか。市場に対する政治のコントロールを緩めて自由競争にゆだねるという決定自体が、「政治的」なプログラムでしょう。規制緩和だって国が法律をそのように規定することでおこなわれるわけですから。自由な市場も国家の制度という地平のうえで機能している。少なくともオルド自由主義の場合、経済が完全に国家から切り離されたところで動いているという錯覚はもっていません。

國分――古典的自由主義ともケインズ主義ともナチズムとも社会主義とも違う思想として構想されたオルド自由主義を、フーコーがいうようにそのままシカゴ学派的な新自由主義の原形と見なすことはできない。国家を完全に市場原理のもとにおく、いわゆるネオリベ的発想とは異なるものとしてオルド自由主義をとらえるべきだし、そこには見るべきところがあるということですね。非常に興味深い問題提起だと思います。

大竹——オルド自由主義に完全に賛成しているわけではありませんが、少なくともそこには政治と経済を素朴に二元的に対立させる考えはない。経済をつねに「政治経済学」という視点から考えている点では正しいと思います。

國分——「政治経済学」というのはいまこそ求められる観点だと思います。この表現は「ポリティカル・エコノミー」の翻訳ですけれど、もともと、政治学と経済学は統一的にとらえられていて、両者が合わせて政治経済学という学問をなしていた。ところがその後、二つは別れ、特に経済学は計量的な「科学」を自称して猛烈に発展するとともに、economicsという名称が発生する。いま、英語の辞書を引くと、political economyはeconomicsの古い名称と書いてあるけれども、これは単に呼び名が変わったわけじゃない。内容に合わせて呼び名が変わっていったわけですね。まさしく政治と経済を素朴に二元的に対立させる考えが、politicalの部分を排除していった。

やはり非常に古典的な問題をもう一度取り上げなければならないのだろうと思います。現在、市場の原理で国家のあらゆる領域を運営するというシカゴ学派的な新自由主義が台頭していて、その問題点はしつこく指摘していかねばならないし、実際、そうした作業は「ネオリベ」批判としてかなりおこなわれている。だが、その一方で、それに代わるものとして巨大な国家による統治を構想することは非現実的だし、望ましくもない。そもそも、新自由主義的な発想は国家権力の無際限の拡大への反省によって生まれたものだった。

ここでドラッカーの経営学的な視点は非常に参考になると思います。つまり、「大きい政府か小さい政府か」という二者択一で考えるのではなくて、国家という組織が有効に機能するためにはどのようなマネジメントが必要かを考える。組織そのものを否定すると新自由主義みたいになってしまうし、組織が有効に機能することを考えなければ、組織は肥大化して全体主義的なものになっていく。

もしかしたら、国家を経営学的なマネジメントの観点から考えるという発想は、新自由主義的な「経済合理性」の発想に近いと理解されてしまうかもしれないんですが、そうではない。経済学者の安冨歩は、ドラッカーの思想で重要なのは、彼がマネジメントを「効率性 efficiency」ではなくて「有効性 effectiveness」で考えたところにあるといっています。[注26] いまの新自由主義的な考えというのは、「経済合理性」の名のもとに、有効性ではなくて、効率性ばかり考えているところに問題があるのではないでしょうか。

そんなことをやっていたら、福祉や社会保障なんかまったくダメになる。これらの領域こそ、どうすれば有効かを何より考えなければならない領域でしょう。それに有効性を考えたら、結果として効率もよくなっているはずですよ。

大竹——一概に社会保障といっても、民間に委託したほうがうまくいく部分とそうでない部分がありますよね。そのあたりを腑分けして考えるべきなんでしょう。

國分——社会保障や福祉の有効性を考えるとき、とにかく個別的に考

注26　安冨歩『経済学の船出』NTT出版、二〇一〇年、八六〜八七頁。（國分）

えるという視点が欠かせないと思います。僕はダルク[注27]（DARC）という薬物依存やアルコール依存のひとたちの自助グループと少し付き合いがあるんですが、こういう活動は単に国がお金を出すだけでは絶対にできません。どうせくだらないポスター作成とかにお金が無駄使いされる。十分に事情を理解しているひとたちが、熱意をもって取り組んでいるから、有効な取り組みになっている。しかも、知恵を絞り、知識を獲得しながら、工夫に工夫を重ねて活動を続けている。たとえば公的機関がこうした活動を金銭的に支援できるなら、まさしく有効な外部委託ですよね。ただ、外部委託によって、本当に問題解決のために働いているひとたちを支援できることもあるけれど、たとえば、保育園の民営化なんかは、あきらかに行政の責任逃れですからね。

大竹――民営化というとどうしても、福祉や育児支援のような社会目的をいかに効果的に達成できるかという視点よりも、歳出削減という効率性の論理が優先されがちですね。

注27 Drug-Addiction-Rihabilitation-Center の略。民間の薬物依存症リハビリ施設。

國分──行政に任せると効率が悪いから、公的な事業もどんどん外部委託して市場で競争させればよいという発想があまりにも単純であることはいうまでもありません。そんな発想ではダメだということを確認したうえで、ドラッカー的な視点から、行政および民間アクターの有効な組織マネジメントを考えなければならない。その際、やはり分野ごと、事例ごとになすべきことも原則も異なるわけだから、個別具体的に対応しなければならない。確認できるのはこういうところでしょうか。

いずれにしても、オルド自由主義を改めて評価してみるという大竹さんの問題提起は意表を突かれましたが、大変参考になりました。フーコーのまとめだと、オルド自由主義にしてもシカゴ学派的な国家嫌悪の思想の一パターンにされていますが、ちょっと考え直さないといけないですね。

大竹──たしかに国家嫌悪というフーコーの言葉は少し強すぎる印象があります。全体主義、あるいはケインズ主義のようなかたちで国家の行政機能が拡大することには批判的ですが、国家の役割の重要性はオルド自由主義も認識しています。

國分——ナチズムのせいだと思いますが、二〇世紀はやはり国家嫌悪が本当に強く、国家の悪口をいっていればなんとかなるという雰囲気があった気がします。

大竹——それはいつの話ですか？

國分——ポストモダン[注28]のころ？

大竹——さすがにポストモダンとナチズムのころとは全然背景が違うのではないでしょうか。実際にナチズムに追われた三〇年代の亡命者たちと八〇年代、九〇年代の日本のポストモダンを一緒にしたら、ハイエクなんかがかわいそうですよ。彼らは命をかけて亡命したんですから。

注28　「近代の後」という意味。ジャン＝フランソワ・リオタール『ポスト・モダンの条件』（一九八四）によって広く知られるようになった。

國分―たしかにそうですね。思えば、僕自身、ハイエクのような経験の持ち主が国家というものに対して抱く気持ちというのをなかなか想像できていないのかなとも思います。国家の役割の再定義というとき、彼らの経験というのを忘れてはいけないし、またどうすれば実感をもって想像できるのかを考えなければいけないですね。

それと、フーコーによるオルド自由主義の解説についてもう少しだけ補足しておきます。たしかにフーコーはその思想を――シカゴ学派的な新自由主義と同一視するように――「国家の監視下にある市場から市場の監視下にある国家へ」とまとめてしまっています。また、「市場の原理は交換ではなく競争である」と考えたところが、オルド自由主義と古典的な自由主義との違いだともいっている。けれども、他方でフーコーは、オルド自由主義がこの競争を自然現象とは考えていなかったことも強調しています。つまり、国家によって条件を人為的に整備されてはじめて発生するのが競争である、と。ともあれ、そうすると「市場の監視下にある国家」という定式と矛盾するようにも思われるわけですが。

繰り返しになりますけれども、オルド自由主義が国家にはっきりとした地位を与えていた点は忘れてはなりませんね。

大竹――少なくともオルド自由主義にはまだあったような、経済活動に秩序が必要だという考え方そのものが、いまではあまり顧みられなくなりつつあるようです。市場の原理が交換から競争に変化しつつあるというフーコーの診断は、その意味では正しいのかもしれません。秩序や均衡を目指して動いているというより、ただ競争によって成長するということ自体が市場の目的になっていく。もっぱら企業家たちのイノベーションによる経済成長ということが強調されて、非常にシュンペーター的な雰囲気になっています。

前にアダム・スミスには新ストア主義的な摂理の考え方があるという話をしました。つまりスミスの場合、競争や成長は、最終的にすべてが調和するという均衡状態を前提に考えられていた。オルド自由主義はもはやそうした神学的な前提に頼れなくなったため、自由競争に秩序を与える基礎を、国家によって人為的につくり出そうとした。
一方、いまの新自由主義は、秩序や均衡に無関心なまま、とにかく競争を通じて成長しなければならないというようになっています。それがすべてのひとにとっての公共の福利につながるかどうかはどうでもいい。経済は本質的に不安定なものでも構わないとされます。こうなると、まがりなりにも経済の安定性を保障してきたこれまでの国家の役割は当然軽視されることになってしまいます。

國分――主権は統治できるか、という最初の問題とつながってきますね。主権はボダンやシュミットが夢見たようなものではないかもしれないが、ある程度の範囲で機能できるし、機能しなければならない。

大竹――市場は自分たちがつくり出したリスクのヘッジができません。なんらかのかたちで最終的なリスクヘッジをする国家はこれからも必要とされるでしょう。

——破綻しそうな銀行に公的資金を投入するとかですね。

大竹——そうそう。そういう部分をふくめて国家にしかできないことがまだあるでしょうね。

國分——新自由主義というのは普段は国家などいらないといっているくせに、困るとすぐに国家に頼る。萱野稔人さんの言葉を借りると、「どら息子」なんですよ。国家の怖さを知っているがゆえに、その有効な運営を考えたドラッカーみたいな冷静な認識がないと本当にダメです。

大竹——もう一点指摘すると、新自由主義には根強い成長神話がありますね。周知のように、一九七二年に出たローマクラブ[注29]の有名な報告書『成長の限界』[注30]では、経済成長には地球環境や資源量によって課された自然的な限界があることが指摘されました。[注31]戦後の高度経済成長が終わり、エコロジー運動が生まれてくる時期です。

注29　スイスに本部をおく民間シンクタンク。
注30　ローマクラブが一九七二年に発表した報告書。人口増加や環境破

これに対してダニエル・ベル[注32]は、ローマクラブの報告書はイノベーションの役割を考慮していないと批判しています。彼によれば、時代はいまや「産業社会」から「ポスト産業社会」へと質的な変化を遂げたのだとされます。ローマクラブのいう成長の限界はあくまで近代的な産業社会にとっての限界であって、現代のポスト産業社会においては、イノベーションを起こすことで新たな成長の余地をつぎつぎに生み出すことができるというわけです。いまの新自由主義は完全にこれと同じような考えのうえで展開されています。

國分──イノベーションというのはあらかじめわからないからイノベーションなのであって、それに期待するというのはどうもおかしな感じがしますね。

生命と経済成長の神話

大竹──それに関連して、オーストラリアの社会学者メリンダ・クー

壊などが現在のまま続けば、一〇〇年以内に人類の成長が限界に達するとしている。

注31 ドネラ・H・メドウズほか『成長の限界 ローマ・クラブ「人類の危機」レポート』大来佐武郎監訳、ダイヤモンド社、一九七二年。(大竹)

注32 (一九一九─二〇一一年)アメリカの社会学者。著作に『イデオロギーの終焉』、『脱工業社会の到来』など。

パーの『剰余としての生』（二〇〇八）という本を読んだんですが、[注33]けっこうおもしろかったです。そこでは、成長の限界を克服しようとする新自由主義の戦略が、七〇年代以降のアメリカにおけるバイオテクノロジー産業の勃興と結びついていると指摘されています。

クーパーによれば、二〇世紀後半になって生物学のうちに新たなパラダイムが見られるようになってきた。つまり、地球という有限な環境でのみ生きられる生物ではなく、宇宙や深海など、通常の動物が生きられない極端な環境で生命を維持できる生物に関心が向けられるようになった。近年のNASAが取り組んでいる宇宙生物学のプログラムなどがその例です。通常の有機体の限界を超えて生き続けることのできる微生物のようなものが注目されるようになるわけです。

このような生物は、外部の環境がどうであろうとそれに制約されることなく、みずからを産出・創造していくことができる。つまりそれは、完全に内在的な自己組織化システムという理想を体現したものにほかなりません。生命は本質的にいかなる限界も外部ももた

注33　Melinda E. Cooper, "*Life as Surplus: Biotechnology and Capitalism in the Neoliberal Era,*" University of Washington Press 2008.（大竹）

ず、みずからを無限に展開することのできる能力を有していると考えられるようになってくるわけです。クーパーは、地球化学者のベルナツキーやラヴロック、生物学者のプリゴジンやスタンジェールなど、「ホーリズム」[注34]的な立場の科学者の影響を指摘しています。こうした立場は一般にエコロジズムに親和的とされていますが、それをむしろ新自由主義と結びつけるのがクーパーの議論のおもしろいところです。

バイオテクノロジーとは、生命に本来内在しているはずの無限の自己産出のポテンシャルを引き出そうとする科学技術です。七〇年代以降のアメリカの新自由主義政策がバイオ産業を重点産業のひとつに位置づけたのは、この点に関わっている。生命の内なる可能性を利用するバイオ産業は、地球の有限な資源限界とは無関係に、終わることのない成長を約束してくれるからです。いわば生物は、自分自身の内部から「剰余価値」を生み出してくれる。こうして今日の新自由主義はバイオ産業を中心とする「バイオエコノミー」となって、「生政治」としての性格を強めているというのです。

注34　あるシステム全体が、それの部分の算術的総和以上のものである、とする考え。あるいは、全体を部分や要素に還元することはできない、とする立場。

國分――農業のことを考えると、その話はかなり当たっている気がしますね。巨大企業が自分たちに都合のいいように種を品種改良し、農家に毎年高い種を買わせるといった種子戦争と呼ばれる事例もありますし。クーパーは生命という新しい剰余価値の領域が活用されつつあるこの事態を批判的にとらえているわけですよね?

大竹――もちろん批判的にとらえています。「成長の限界」というのはエコロジーと経済《エコノミー》が究極的には両立できないという考えを前提していますが、バイオ産業を中心にすえた新自由主義の戦略においては、経済成長のエコロジー的な限界はないということになる。外的環境とは関係なく、生命は新たなビジネスの芽をその内部から生み出してくれるはずなのですから。

むろん「バイオテクノロジーはネオリベだ」とかというつもりはありませんが、アメリカでは実際にカリフォルニアのサンタフェ研究所――複雑系研究の拠点ですが――などで生物学者と経済学者の意見交換が活発におこなわれているらしい。それによって経済学に生物学のレトリックが移植されることもしばしばあるようです。そうしたなかで、自己組織化といった複雑系理論の概念が、新自由主義の反エコロジー的な成長神話に利用されることも起こってしまう。

國分——なるほど、これはいかにもありそうな話ですね。植民地主義で領土拡大していった末に、未開拓の領土はなくなって帝国主義戦争の時代を迎えた。実体経済で利潤を挙げられなくなると、ヴァーチャルな金融空間を拡大していった。しかし、現在ヴァーチャル空間も限界を迎えつつある。そこで、生命のなかにバイオテクノロジーで新しい領域をつくり出していくというわけですか。

大竹——萱野稔人さんと水野和夫さんの対談で指摘されていたことですね。[注35] 世界資本主義の歴史においては、はじめは軍事による領土支配の拡大がそのまま経済覇権につながっていたが、しだいに脱領土的な経済システムを支配する国が覇権を握るようになった。具体的

注35　水野和夫／萱野稔人『超マクロ展望　世界経済の真実』集英社新書、二〇一〇年。（大竹）

には、一七世紀以降に海洋支配を確立し、自由貿易のルールを世界中に広げていったイギリスなどですね。萱野さんや水野さんはシュミットの著作『陸と海と』（一九四二）の議論を引き合いに出していますが。

第二次世界大戦後のアメリカのドル基軸通貨体制にもとづく金融帝国も、こうした脱領土的な経済支配の流れのうえに出てきた。しかしいまでは、領土の支配はもちろん、海洋であれ金融市場であれ、そうした脱領土的な空間の支配によって覇権を維持することも困難になりつつある。

もしクーパーの議論に即していえば、いまや資本主義は新たなフロンティアを生物の内なる世界を支配することに見出しているのかもしれない。そうなると、「陸」から「海」、そして「空」へと移ってきた空間支配のかたちが、最後の「宇宙」において生物学と結びつくのもわからないではない。生命のなかにある無限の可能性は決して汲みつくされることがなく、いかなる限界ももつことがないということなのでしょう。

國分――金融というヴァーチャル空間も古くなったということですよね。この話はどことなくエピステーメーの不気味な変動を予感させます。フーコーは『言葉と物』（一九六六）で、一九世紀、経済学は「労働」なるものを、生物学は「生命」なるものを発見したといいました。クーパーによれば、現在では経済学と生物学が手を結び、生命のなかに、労働でも金融でもない、新しい価値の源泉を見出しているということですね。クーパーの議論はまだまだ発展の余地があるものでしょうが、もしかしたら非常に重大な問題を指摘しているのかもしれない。

大竹――人間や生命が「有限」であると考えたくない、それをなんとか乗り超えたいというメンタリティからはなかなか脱却できないのかもしれません。國分さんも中沢新一さんとの対談集『哲学の自然』（二〇一三）で、なぜ原子力に惹きつけられるひとびとがこれほどまでに多いのかということに関連して述べていましたが[注36]、人間には何ものにも頼ることのない自己完結した世界をつくり上げたいと

注36　中沢新一／國分功一郎『哲学の自然』太田出版、二〇一三年、二六～三〇頁。（大竹）

いう欲望があるのだと思います。資源量の限界に左右されることなくエネルギー源をもみずからの手で生み出し、それが無限の発展を約束する。完全に自己充足した世界、いかなる外部ももたない内在的な世界という夢です。人間はつねにさまざまなものを外から「贈与」されて生きている有限な存在であるはずなのですが。終わりなく自己組織化を続けるシステムへの信仰は、一部の生物学者や経済学者に限らないと思います。

実際、世間一般の潮流を見ても、かつてはエコロジーと経済《エコノミー》は両立できないとする考えが一般的でしたが、最近では両立できるという楽観論が増えてきていますね。「エコロジー的近代化」とか、「エコ資本主義」とかいわれますが。エコロジーも成長産業になりうるんだという考えがコンセンサスになりつつあります。

國分——「グリーン・ニューディール」とかね。

大竹——たとえばドイツの左派政党においても、エコロジーと経済との緊張関係はかつてほど意識されなくなっています。社会民主党はもちろん、緑の党ですらそうです。

二〇〇二年に採択された緑の党の現綱領「未来は緑」では、イノベーションによってエコロジーに配慮した持続可能な発展が可能になるという考え方がはっきり見られます。[注37] 八〇年代の緑の党成立当初に比べ、エコロジーと経済を妥協させる方向に変わってきたといえます。

いまでは成長の限界という悲観論はあまり流行らなくなって、エコロジーを経済成長のなかに取り込むという雰囲気になってきていますね。

もっとも、現在各国でバイオ産業が成長産業として期待されているのは事実とはいえ、それを新自由主義の戦略と結びつけるクーパーの「生政治」論はいささか思弁的にすぎるかもしれませんが。

國分――でも、僕はかなり実感をもって聞きました。現実の空間でもヴァーチャル空間でもない生物そのものへと経済のフロンティアが

注37　同盟90／ドイツ緑の党『未来は緑』今本秀爾監訳、緑風出版、二〇〇七年。（大竹）

移行するというのは十分に考えられる事態ですよ。

大竹――もしかしたらSTAP細胞が一時あれほど興奮をもって受け取られたのも、ひとびとのそうした欲望に応えたからなのかもしれません。生命はみずからを何度でも再生し、無限に持続させる能力があることを信じたいという。

國分――経済成長が生命そのもののなかにフロンティアを見出しつつあるのかもしれないという仮説は、これから一〇年ぐらいかけて検証すべきものとしてここに紹介しておきましょう。

それにしてもこのエピソードは、経済成長神話の執拗さを改めて感じさせるものですね。成長神話批判に対しては、「低成長のときにいちばんの打撃を受けるのは貧乏人だ」という紋切り型の反論があります。でも、そこで考えなければならないのは、国家を通じての再分配のはずです。

ここまで繰り返し述べてきましたが、「国家を市場の監督下におく」というやり方がダメなことはもうわかっているわけですから、いったい国家の役割は何であり、国家はどんな分野を担当するべきなのか、それを具体的に考えていくことが大切だと思います。

撮影：岩沢 蘭

第五章

立憲主義と民主主義

構成的権力

國分——最後に改めて立憲主義と民主主義について話しあっていきましょう。議論の補助線としてアントニオ・ネグリの『構成的権力』（一九九七）を取り上げたいと思います。「構成的権力」は、フランス語だと pouvoir constituant で、「憲法制定権力」とも訳されます。文字通り、憲法を制定する力のことですが、実は非常に扱いがむずかしく、法学でも大きな問題を提起し続けてきた概念です。思想家によっても扱いがずいぶんと異なる。ですので、この概念の扱いやこの概念への態度を基準として、その思想家の政治や法についての考えを分類できる、そのような概念だともいえる。

ネグリは第一章の冒頭で、この憲法制定権力＝構成的権力をめぐるさまざまな立場を分類して非常にコンパクトにまとめており、これが大変参考になります。[注1] ここからはじめましょう。

まず一つ目のカテゴリーは「構成的権力」を超越的な地位におく

注1　アントニオ・ネグリ『構成的権力』杉村昌昭・斉藤悦則訳、松籟

ゲオルク・イェリネック[注2]やハンス・ケルゼン[注3]の立場です。簡単にいうと、構成的権力の問題を法学が扱う範囲の外におき、これを社会学や歴史学の対象とする考え方ですね。憲法は現にあるのだから、それを制定した権力があったとは想定する。しかしその権力自体は問題としては扱わない。

大竹——シュミットが批判している「純粋法学」の立場ですね。法を制定する行為それ自体は法学の内部で扱うことはできないということで、法理論の対象から除外しようとする。

國分——二つ目のカテゴリーは、憲法が立憲主義的に働きをなす、その過程のなかに構成的権力を位置づける考え方、つまり、立憲システムのなかに構成的権力を内在させる立場と説明されています。まず名前が挙げられているのが、ジョン・ロールズ[注4]やフェルディナント・ラッサール[注5]なんですが、このカテゴリーがわかりにくいのは、彼らと並んで、ヴェーバーやシュミットの名前もここで挙げられて

社、一九九九年、二三〜三三頁。（國分）

注2 （一八五一—一九一一年）一九世紀を代表するドイツの公法学者。著作に『人権宣言論』など。

注3 （一八八一—一九七三年）オーストリアの公法学者。著作に『法と国家』、『純粋法学』など。

注4 （一九二一—二〇〇二年）アメリカの哲学者。著作に『正義論』、『公正としての正義』など。

いることなんです。ネグリ自身もきちんと断りを入れていますが、これはかなり大雑把なまとまりではあるでしょうね。ただし、ロールズやラサールらの議論との違いははっきりと述べられていて、ヴェーバーやシュミットの特徴は、この権力の非合理性に注目した点にあると強調されています。

三つ目のカテゴリーは、現代のアカデミズムの法学者たちのことが念頭におかれているようですが、構成的権力を法や制度に統合してしまう考えです。一見すると第二のカテゴリーにも似ていますが、第一や第二のカテゴリーで考えられていた、この権力のもつ「形成する力」がここではもはや考えられていない。

ネグリとしてはこの三つ目のカテゴリーがもっとも不満を抱かせるもののようですが、彼の不満はそこにはとどまりません。彼はこれら三つのカテゴリーにいずれにも納得できないと述べています。これらはいずれも、「構成的権力の無力化であり、ごまかしであり、その意味の剝奪」である、と。

どういうことかというと、ネグリの言い回しはなるほどと思わせ

注5　（一八二五—一八六四年）プロイセンの法学者、哲学者。国家社会主義者で知られる。

るものなんですが、彼は構成的権力＝憲法制定権力を「野生動物」になぞらえているんですね。この権力は野生の力とでもいうべき荒々しいものである。ところが、法学者たちがわれわれに示す動物は、いつだって完全に家畜化された動物ではないか、というわけです。構成的権力は野生動物のように荒々しく、そう簡単にはひとの手には負えないものであるのに、法学者たちはそれを飼い慣らした気になっている、と。

ネグリが構成的権力という言葉で考えているのは、民主主義的な権力、あるいは民衆のもつ力能のことです。それこそが憲法を制定する権力と想定されているわけですから。ネグリの苛立ちというのは、つまり、構成的権力なるものはそもそもそんなにお行儀がよいものではないのに、法学者たちにはそれがわかっていないということでしょう。立憲主義という法の支配を語る法学者たちは家畜の話ばかりして、この権力が野生動物のように荒々しいという事実から目を背けている。いわば、この野生の力を手なずけたつもりになっている。これはかなりするどい指摘だと思います。

ところが、問題はこのあとでして、ネグリはここから構成的権力＝憲法制定権力という野生動物を飼い慣らしたつもりになっている立憲主義の思想は、基本的に反民主主義的だという極端な結論に飛んでしまうのです。「立憲主義的パラダイムは〔…〕非民主主義的なパラダイムである」というわけです。ネグリの苛立ちは理解できるんですが、これはやはり極論だといわざるをえない。立憲主義をこのように位置づけることで、いったいどういう政治的ビジョンが導き出されるのかもよくわからない。野生動物は野生動物らしく振る舞うがよい、ということなのか。

大竹——いかにもネグリらしい反立憲主義の立場ですね。構成的権力を立憲主義という檻から解き放って、本来の野生の姿のまま活動させようということですね。

國分——ネグリはある種の法学的思考がもつ盲点をついているとは思います。構成的権力を野生動物とみなすのは正しいと思うし、それを飼い慣らした気になってはいけないというのもその通りです。でも、そこから立憲主義を反民主主義的だとして斥けるのは非常に危険です。

では、立憲主義と民主主義の関係をどうとらえればよいか。先に紹介した大竹さんの講演でも強調されていた通り、立憲主義と民主主義の関係という問題はまだ未解決なままにとどまっているわけですよね。少し日本の憲法学者の見解を参照しましょう。たとえば、東大法学部教授の長谷部恭男さんは両者の関係について、「民主的な手続きを通じてさえ侵すことのできない権利を硬性の憲法典で規定」する、と説明されています。あるいは、「民主的手続きが、本来、使われるべきでない目的のために使われれば、きしみを生ずることは明らか」であり、「民主主義が良好に機能する条件の一つは、民主主義が適切に答えを出しうる問題に、民主主義の決定できることがらが限定されていること」だとも仰っている。注6

長谷部さんの語っているイメージというのは、民主主義のうえに立憲主義をかぶせて、「ここまでは民主主義でやっていいけど、こ

注6　長谷部恭男『憲法と平和を問いなおす』ちくま新書、二〇〇四年、四一、六一、六二頁。(國分)

れ以上のことは民主主義でもやってはいけませんよ」と憲法で禁じておくというものですね。この場合、憲法が先行していて、それによって決められた範囲内で民主主義がおこなわれるということになります。長谷部さんよりも上の世代になりますが、樋口陽一さんもまた、国民主権をも含めたあらゆる権力を縛る原理として立憲主義を考えていらっしゃると思います。[注7]

これに対し、樋口さんと同じ世代に属する憲法学者ですが、奥平康弘[注8]さんは、憲法を制定する権力は国民にあるというのが立憲主義の前提だと述べていらっしゃいます。憲法制定権力が国民の側にあるという意味での立憲主義ですね。若手憲法学者の木村草太[注9]さんもこの立場に近いようです。[注10]

大竹――民主主義の名のもとに権力が濫用されることもたしかにあるわけです。その意味では、長谷部さんのように、民主主義的な憲法制定権力であってもむやみに信用することはせず、権力行使の制限という古典的な立憲主義の立場にこだわるというのも理解できます。

注7　樋口陽一『いま、「憲法改正」をどう考えるか』岩波書店、二〇一三年、一一七頁。（國分）

注8　一九二九年生まれ。日本の法学者。東京大学名誉教授。著作に『憲法の想像力』、『憲法を生きる』など。

注9　一九八〇年生まれ。首都大学東京准教授。著作に『テレビが伝えない憲法の話』、『キヨミズ准教授の法学入門』など。

注10　奥平康弘／木村草太『未完の憲法』潮出版社、二〇一四年、一六

〜一九頁。（國分）

僕としては、たしかに立憲主義と民主主義は歴史的にはしばしば対立してきたけれど、原理的な部分まで対立しているとは考えたくない。両者は区別されるべきだけど、両立できないほど対立しているわけではない。前に僕が立憲主義と民主主義をドラスティックに対照させて説明したのは、あくまで議論をわかりやすくするためです。

立憲主義と民主主義の不一致

國分――ただ立憲主義と民主主義の不一致については一般的にはほとんど理解されていないと思います。民主主義を守れ、立憲主義を守れ、というのはなんとなくスローガンとして唱えられているけれども、歴史的に見ても、哲学的に見ても、両者のあいだにはズレがあることがもっと認識されていい。

大竹――概して憲法学者のひとたちは権力行使を制限するという立憲主義の当初の理念に忠実ですね。

國分――そのようです。僕はネグリの反立憲主義的な立場には断固として反対ですが、彼が一部の法学者の議論に反発する理由はよくわかる。民主主義を立憲主義という檻に閉じ込めるようなイメージはどこかひっかかるし、それによって民衆がもつ野生の力を飼い慣らしたと考えるのであれば、これはこの力の本性を見定めていないことになる。そもそも、立憲主義と民主主義が反対の方向性をもっていることは間違いないけれども、大竹さんがいったみたいに、原理的には両者は一致可能ですよね。

大竹――原理的にはなんらかの仕方で一致すると考えたい。どうやって一致させるかについては、ロールズやハーバーマスをはじめとしていろいろなことがいわれていますが。

國分――立憲主義が民主主義の上に位置づけられるわけではないことの根拠のひとつとして考えられるのは、憲法自体が民主主義的に変更可能なものだということでしょうが、改憲という行為自体に形而上学的な問題がある。憲法が最高法規である以上、手続きさえ「民主的」ならばどんな改正も可能なのかという問題です。

大竹――ナチスの「合法的革命」の問題がここでも出てきますね。手続きが形式上合法なら、どんな法改正をしてもいいのか。さらにいえば、民主主義的な手続きによって民主主義そのものを転覆させることは許されるのか。ヴァイマル期のシュミットは、仮に憲法に書かれている改正手続きにしたがっていたとしても、憲法には決して変えてはいけない核心部分があると主張しました。そうでないと、憲法が自分で自分を破壊することを認めることになり、法的安定性が究極的に保てなくなってしまうからです。いわゆる「憲法改正の限界」です。この学説は現在の日本の憲法学でも広く受け入れられていますね。安倍首相が憲法改正手続きを定めた憲法九六条そのものの改正に意欲を示したとき、その反対論としてもしばしば援用されました。憲法の手続きにしたがって憲法改正の要件を緩和するというのは憲法の安定性を損なう行為であり、九六条改正は憲法改正の限界を踏み越える、と。

こうした考えは、特に戦後の西ドイツの「基本法」――事実上の「憲法」に相当するものですが――にはっきりと反映されています。そこでは、憲法改正にあたっては人権保護や社会国家・連邦国家といった国の基本原則は変えてはならないと明示されています。それは「自由で民主的な基本秩序」とも表現されています。とにかく、どんなに正しい憲法上の手続きを踏んでいたとしても、決して変えてはならない憲法の根幹部分があるという思想が明確に示されています。

――それは最初から書かれていたんですか。

大竹――そうです。基本法が制定されたのは戦後すぐの時期ですから、まだナチスの記憶が新しかった。ナチスの権力奪取を防げなかったヴァイマル憲法への反省にもとづくものです。基本法の起草者たちへのシュミットの理論的な影響も多少あったといわれています。結果的にナチスに加担することになったシュミットが、ナチスの再来を防ぐための憲法上の規定に影響を与えたとすれば、歴史の皮肉ですね。いずれにせよ、戦後西ドイツの体制が「闘う民主主義」などと呼ばれたのは、民主主義を否定する勢力には、民主主義的な権利や民主的な手続きに参加する機会を与えないという意思をはっきりさせたからです。たとえば、過激な政党を活動禁止にできることが基本法に定められているのは有名ですが、最近話題になっているものでいえば、一九六〇年にいち早く民衆扇動罪というヘイトスピーチ規制が刑法典一三〇条に設けられたのもその一例です。無制限な自由、無制限な民主主義にはどこかで歯止めをかけないと、自由や民主主義そのものが破壊されるという考えからです。

ただ問題なのは、何をもって憲法改正の限界とするか、守られるべき憲法の根幹とはなんなのかが、依然としてあいまいさをとどめているという点です。「自由で民主的な基本秩序」を守るというのは、言葉だけ聞けば誰も異論はないと思いますが、では具体的に何が「自由で民主的な基本秩序」への脅威を意味するのかについては、さまざまな解釈の余地が残ります。実際、ドイツ赤軍[注11]によるテロが相次いだ七〇年代には、左派勢力を過剰に警戒するあまり、これがかなり拡大解釈されました。ときのブラント政権が、憲法に敵対する人物の公務員任用を拒否する「過激派条例」という悪名高い条例を出したのですが、その運用がかなり恣意的だった。たとえば、ベトナム反戦デモに少し参加しただけで「自由で民主的な基本秩序」に反すると見なされ、学校の先生になれなかった事例などです。こうした極端な措置が憲法秩序を防衛するという名目でおこなわれたわけです。

――解釈改憲みたいなものですね、それは。

大竹――「自由で民主的」という言葉の意味するものが、それこそ「自由で民主的」に決められるのではなく、行政や司法に解釈が独占されていたことからくる問題だと思います。

注11　一九七〇年代に西ドイツで爆破テロ、暗殺など多数の行動を起こした。西ドイツ経営者連盟会長のハンス＝マルティン・シュライヤーの誘拐とルフトハンザ機のハイジャックを実行した一九七七年の事件「ドイツの秋」が有名。

國分――論理学的にいえば、改憲にはメタ／オブジェクトの区別に関わるややこしいロジカルタイピングの問題があるわけですね。つまり、オブジェクトレベルにしてはいけないルールがあるのか否か、ということです。これは木村草太さんから聞いた話ですけれど、安倍首相がいいはじめる前に、学者のあいだで、九六条の手続きによって九六条を変えられるかどうかが一時期かなり熱心に議論されていたらしい。議論していた当時は「こんな形而上学的な議論をしていてなんの役に立つんだろう」とも思われていたそうですが、実際に、「改憲しにくいのであれば、九六条を変えてしまえばいい」という乱暴なことをいい出す安倍首相のような人物があらわれたので、「ああ、こういうことをいい出すやつがいるから、ああいう議論も必要なんだな」というオチがついたと。

大竹――問題は、変えてもいい「オブジェクト」の部分と、変えてはいけない「メタ」の部分を、「誰が」「どのように」区別するかなんですよね。シュミットの言葉を借りれば、「憲法律」と「憲法」の区別ですが。これはどんなに緻密な論理学を駆使したとしても、それだけでは決定することができない。ひとつの政治共同体の歴史的に選択された価値に関わる問題ですから。

國分——憲法についてはもちろん論理で考えることが大切です。そして改憲もいまいったような論理学的問題が絡んでいる。しかし、憲法を考えるうえで重要なのはそれだけではありませんよね。憲法を支えてきた歴史がある。ドイツが憲法に改憲の限界を定めたのも歴史からですよね。そういう歴史の国だからこそ、その規定がありえた。やはり、その国や憲法の歴史から切り離して、法形式的なレベルだけで憲法や改憲について考えることはできない。歴史のなかで考えないといけない。

法運用の歴史性

大竹——必要なことは、ある国がなぜそういう憲法を採択するに至ったのかを考えるとともに、その憲法が実際にその国の歴史のなかでどう運用されてきたのかに目を向けることでしょうね。要するに、憲法の歴史性といってもいいでしょう。どういう憲法がいちばんいいかを形式論だけで決めることはできない。その国の憲法がどういう経緯をたどって、いまのようなかたちで根づいているのかをまず考慮していかないと。

國分——どういう憲法がいちばんいいのかを形式論だけでは決められないというのは非常に重要な指摘だと思います。先ほどより問題にしている立憲主義と民主主義の関係も、この憲法の歴史性という観点から考えることができるでしょう。たしかに立憲主義を形式的に適用すれば、憲法が定める枠のなかにのみ民主主義の行動の自由があることになるだろう。でも、憲法とは、民衆が民主主義を育みながら、自分たちでつねに選び直し、その意味を確認し続ける、そのようなものではないでしょうか。民主主義と立憲主義の関係も、歴史のなかで考えられるべきだと思います。日本国憲法の改正を論ずるにあたっても同じことであって、この憲法の意味や性格を形成してきた七〇年の歴史が無視できないわけですよね。

大竹——たとえば、改憲派のなかには、自主憲法さえ制定すれば日本が一人前の主権国家になれると考えているようなひとがいます。とにかく一度日本国民自身の手で憲法が制定されれば、それで「押しつけ憲法」のトラウマは克服され、アメリカの属国という汚名から逃れられる、と。

ただ、こうした考えは、憲法制定というはじまりの時点にあまりに強い負荷を負わせていると思います。憲法の内実は具体的な運用のなかでかたちづくられるものです。ですから、憲法が真にその国の国民自身のものになるかどうかは、それが実際にどのように解釈・運用されるかにも左右されます。一回の制定手続きだけでその憲法の性格が決まるわけではありません。この意味でも憲法の歴史というものが重要なわけです。現行の日本国憲法は、ともあれ七〇年近くにわたって運用されてきた歴史があります。この憲法が日本国民の独立主権を体現するものになっているかどうかは、この運用の歴史を見て判断しなければならない。改憲・護憲いずれの立場をとるにせよ、議論の出発点はそこからです。

國分——「押しつけ憲法」だから改憲したいというひとたちは神学的思考なんです。一回性の起源にやたらこだわってしまう。

大竹——まさにそうです。憲法のはじまりばかりに目を向けていては、その具体的運用のなかで足元をすくわれます。たとえば、アメリカへの軍事的な依存から脱却したいと思って憲法九条を改正したとしても、それがかえって日本をアメリカ軍の世界的な再編戦略に組み込むのに都合よく利用されたら、本末転倒でしょう。

國分——この対談ではずっと、法の運用がその制定以上に大きな意味をもつとのベンヤミン的あるいはシュミット的な法理解を重視してきました。そこから、法が運用される過程を民主主義で監視するという課題も見出された。法の運用過程に注目することは、しかし、法がいかなる歴史を経て、いかなる意味を獲得してきたのかに注目することでもあると思います。憲法を考えるにあたって重要なのはこの視点ではないでしょうか。

たとえば自民党は、ある意味で六〇年かけて解釈改憲してきたともいえると思います。自衛権を行使する手段としての自衛隊の存在を否定する意見は、いまでは多数派とはいえない。そのことの是非はともかく、世論が大きく変化したことは事実でしょう。

ただし、この意見は、自衛隊が海外で武力行使するとか、まして や集団的自衛権を行使するなどといったことは憲法によって否定されているとの意見と表裏一体だったし、政府の憲法解釈もずっとそのようなものだった。集団的自衛権の行使を限定的とはいえ容認した閣議決定は、そうした日本の憲法の運用の歴史を無視しているわけです。

法の運用への注目は、権力による恣意的な法運用を監視するということだけでなく、法や憲法がどのような歴史を経て、どのような意味を獲得してきたかに着目する、ということでもありうると思います。

大竹——要するに、法の「文字」だけではなく、法の「精神」が重要だといっていいかもしれません。

國分——ただ、いまでは文字が完全に無視されていて、大変危険な状態に陥っていますね。

大竹——たしかに日本国憲法の場合、これまで文字の変更がおこなわれなくて、それを運用する精神の変更だけでやってきていますね。文字の定立ということも考える時期に来ているのでしょう。

國分——ここがいちばん意見が分かれるところです。今回の閣議決定のように文字を無視した解釈改憲がおこなわれてしまう危険性がある以上、しっかりと文字で「自衛隊は自衛権行使の主体だが、海外での武力行使はできない」と憲法に書き込んでおく、つまり、そのように改憲するとの意見は、いまではかなり説得力があるとは思います。これは、精神の文字化といえるかもしれません。

ただ、その精神に対する批判も当然あって、なぜ憲法のほうを現状に合わせるのか、という意見もある。つまり、そもそも違憲状態だったはずの自衛隊がおかれている現状に、なぜ文字のほうを合わせるのかという考えです。

僕自身はしっかりとした見解はないのだけれども、ひとついえるのは、あのような閣議決定を平気でおこなう内閣が存在している現段階で改憲することは、ロクでもない結果にしかならないから絶対に反対だということですね。

大竹――その一方で、文字のうえできちんと憲法改正することにあまりに抵抗しすぎると、文字がそれを運用する精神のほうに飲み込まれかねない。つまり、法の解釈が現状追認的なかたちで恣意的に拡大していく危険があるわけです。

たとえばナチス期のシュミットは、精神の戦いということを力説していました。彼によると、これまでドイツはイギリスやフランスといった西欧自由主義諸国の影響のもとでドイツ固有の法秩序を見失ってきた。これを取り戻すにはどうすればいいか。たしかにドイツは外国由来の法律概念を数多く受け入れている。しかしそれらをドイツ的な精神によって解釈することで、ドイツ民族固有の意味をもった概念に変えることができるはずだ。こう考えたわけです。まさに法の文字ではなく、その精神のレベルで、外国と戦うということです。

しかし、この場合のドイツ的もしくはナチス的精神なるものがなんなのかよくわからない。結局のところ、法概念を自分の好きなように換骨奪胎して勝手に解釈することを認めているだけのように思えます。そう考えると、法を運用する精神という目に見えない原理を変にもち上げないほうがいいこともたしかです。やはり文字のレベルでの実践も必要でしょう。

國分―ありきたりの結論ではありますが、やはり文字と精神の双方に対する緊張感が大切なのだと思います。そうした緊張感をもちながら、民主主義を通じて憲法の意味をつねに再確認していく。もちろん、そのなかで必要と感じられたならば、文字の変更もありえる。ただし、その際には文字と精神の双方への緊張感がなければいけません。

大竹―言葉を換えると、構成的権力＝憲法制定権力による法の制定と、構成された権力＝立憲体制のもとでの法の運用という、どちらの視点が欠けてもダメだということでしょう。

シュミットの誤解

國分―ところで、構成された権力と構成的権力の関係については少し述べておきたいことがあります。構成的権力、すなわち憲法制定権力という概念は、エマニュエル＝ジョゼフ・シエイエス[注12]がフラ

注12 （一七四八―一八三六年）フ

ンス革命直前に出版した『第三身分とは何か』（一七八九）のなかで定式化し、そこから普及したものですね。これが書かれた時点ではフランスには成文の憲法はなかった。だから、その位置づけは非常にむずかしかったわけですが、シエイエスは憲法制定権力と通常の立法権とを区別し、通常の立法手続きでは憲法を改正できないことを理論化した。つまり、構成された権力である立憲体制の内部の手続きでは――少なくとも通常の手続きでは――構成的権力すなわち憲法制定権力が決めたことを変更できないとしたわけです。[注13]

これは構成的権力を超越的なものとしておく考え方ですね。ところが、シュミットがこのシエイエスの理論をスピノザの体系と結びつけていて、憲法制定権力と憲法へと構成された権力とは、スピノザにおける「能産的自然」と「所産的自然」に対応するといっているんですね。[注14] ちょっと専門的なタームが出ましたが、能産的自然というのは、諸々の様態を産出する原因としての自然のことであり、所産的自然というのは、そうして産出された様態の総体としての自然のことです。スピノザの理論の特徴は両者の関係を内在としてと

ランスの政治家。著作に『第三身分とは何か』など。

注13 シィエス『第三身分とは何か』稲本洋之助ほか訳、岩波文庫、二〇一一年。（國分）

注14 カール・シュミット『独裁』田中浩・原田武雄訳、未来社、一九九一年、一六二頁、および、カール・シュミット『憲法論』阿部照哉・村上義弘訳、みすず書房、一九七四年、一〇三頁。（國分）

らえたところにある。すなわち、能産的自然は原因として所産的自然に先行してはいるけれども、これを超越しているわけではない。両者が相互に内在していて、超越項はないと考えるわけです。

その意味でこのシュミットの理解は端的に誤解です。アガンベンも『例外状態』（二〇〇三）のなかでこの点を取り上げて、シュミットのスピノザ理解を批判している。[注15]けれども、この誤解はちょっとおもしろい。つまり、シュミットはスピノザを誤解してシエイエスの超越体系のほうに近づけたけれど、逆に、構成的権力／構成された権力という対のほうをスピノザの側にひきつけて考えてみることもできるでしょう。そうすると、立憲体制という構成された権力のなかに、構成的権力すなわち憲法制定権力が内在しているということになるわけで、その両者をこの社会のなかに内在しているものとしてとらえることができる。

大竹――シュミットはスピノザの「能産的自然」を、主権者が既存の法秩序の外部から超越的に下す決断、つまり憲法制定決断に対応す

注15　ジョルジョ・アガンベン『例外状態』上村忠男・中村勝己訳、未来社、二〇〇七年、七二頁。（國分）

る概念だとみなしている。でも、アガンベンによればそれは誤りで、「能産的自然」は「所産的自然」に対して超越しているのではなく、両者は内在的な関係にある、と。

國分――基本的にはアガンベンのいう通りです。能産的自然は所産的自然に超越してはいない。ただこの例え方はおもしろい。スピノザ的に構成的権力／構成された権力を考えることは実際可能ですし。

大竹――シュミットのように構成的権力を構成された権力に対して超越的なものとしてとらえるのではなく、両者をスピノザ的な内在性の関係で理解することもできるというわけですか。たしかに、主権者の超越的な決断というシュミットの理論自体が、いまではあまり評判よくないですしね。それに代わるひとつの解釈の方向を示すものだと思います。

ただ、憲法の制定そのものは憲法を超えた力によってなされるというシュミットの考えは、当たり前のように思えるかもしれませんが、ここに目をつけたのはあの当時のドイツの法学者としては斬新だったんです。一九世紀以来のドイツ国法学は国家や法律があらかじめ存在することを当然の前提として体系を組み立ててきたので、憲法や法秩序がどうやって生まれてくるのかということをほとんど問題にしませんでした。シュミットが主権や構成的権力という言葉で法秩序が生まれる瞬間を問題にしたのは画期的なことで、当時の法学者のなかでは特異です。それが、彼が「法学者」とも「政治学者」ともカテゴライズされるゆえんですが。時代背景としては、ロシア革命をはじめとする各国での革命騒乱や、帝政からヴァイマル共和国へのドイツの体制転換などが影響しているのでしょう。

國分――法秩序が生まれる瞬間を問題にすること自体が画期的であったというのは強調しておくべき点ですね。発生の問題に直面したといってもいいでしょうね。

大竹――シュミットの思想を単純に「決断主義」と割り切ることはで

きないと思いますが、ヴァイマル期の著作にはたしかに起源の力みたいなものへの信頼があります。主権や構成的権力は憲法に先行しているわけで、結局のところ、法を与える力のほうに優位をおいていると解釈できないこともない。ただ、この考えは三〇年代になると徐々に変わっていきます。超越的に決断する主体がいるというよりは、法秩序を超えたところで高次の秩序としてのノモスが生成する、そして、このノモスにもとづいて法の運用を広げていく、というふうになります。いわば超越から内在性のほうへと立場を変えた。それが二〇年代と三〇年代のシュミットの違いといえます。もっとも、何度もいっているように、その内在性が法の運用を恣意的に拡大する最悪のかたちでの内在性なんですが。それとは違う法と力との内在的な関係をスピノザはどう考えていたんでしょうか。

スピノザの特異性

國分――それについては多分、スピノザの契約論の考え方から答えられると思います。ホッブズは自然権を放棄することで秩序が生成すると考えましたが、スピノザは国家状態においても自然権は終息しないと考えました。自然権というのは自然状態において各人がもっている自由のことですから、これはつまり、人民はいつでも国家権力に対し、反抗しようと思えば反抗できるということです。さらにいい換えれば、構成的権力はいつでも発揮されうるということでもある。ところが、ひとはおおむね法律にしたがって生きている。なぜなら、たしかにやりたいようにやれないことには不満もあるが、法律にしたがったほうが安心して暮らせると判断しているからです。スピノザはそうやってひとびとが利益考慮にもとづいて秩序にしたがっていることを指して契約と呼んでいます。ひとは「他人に害をもたらさない」とか「他人の権利を尊重する」とかいった内容の契約を結びながら生きている。

ホッブズのように自然権が放棄できると考えると、それをみなでいっせいに放棄する一回性の契約を考えないといけなくなる。ところが、自然権は放棄できないし、国家のなかでも各人はそれを維持していると考えると、社会生活を営むなかでひとびとは社会契約を不断に更新しているのだとするスピノザ的な社会契約論があらわれる。これを、一回性の契約に対立させて、反復的契約論とでも呼べるかと思います。

そうすると、構成的権力は社会に内在するものとして維持されつつも、構成された権力としての法が秩序を維持するということになる。そして、各人の利益考慮を満足させている限りではその秩序は維持されるけれども、恣意的な運用などによって各人の不満が溜まれば、途端に構成的権力が発揮される、すなわち、自然権にもとづいた反抗が起こる、と。こんなふうに、統治する側とされる側の緊張関係を視野に収めているのがスピノザの政治論ですね。スピノザはこれを、「より大きな悪いこと」を避けるため、あるいは「より大きなよいこと」を生じさせるために、ひとは、それ自体としては「悪い」あるいは不快と思えることを受け入れるのだというわかりやすい言葉で語っています。[注16]

注16 スピノザ『神学・政治論』吉田量彦訳、光文社古典新訳文庫、二〇一四年、下巻、第一六章、一五七頁。(國分)

大竹——ホッブズとの比較でいうとその点が重要ですね。ホッブズの場合、ひとびとが求める「より大きなよいこと」というのは、最終的にはひとつのことに還元されます。つまり自己保存です。死への恐怖はすべてのひとに共通する最低限の情念のはずだから、それをホッブズは社会契約のよりどころにしようとする。それに対してスピノザは、そういうなんらかの特権化された情念をもとにして社会契約を考えているわけではないですね。

実際、人間は必ずしもつねに死を恐れるわけではなく、命よりも名誉や大義を重んじる場合もあるわけですから、ホッブズが決して「現実主義者《リアリスト》」としてものを考えていたというわけではない。すべてのひとが死を恐れるということ自体が、実のところ理想化された想定なわけです。

國分——そうなんです、そういう意味ではむしろスピノザのほうが現実主義的だと思います。というか、スピノザの契約論というのは実に常識的な考えです。経験論的だといってもいい。スピノザ研究ではしばしば、『神学・政治論』（一六七〇）には契約論の視点があるが、『国家論』にはそれがないということが針小棒大に語られるんですけれど、それより何より、スピノザの契約論の内容をきちんと理解することが重要です。スピノザの契約論は統治する側とされる側との緊張関係というのを重視していますが、その考えは『国家論』が論じた貴族制や君主制にも通底している。だから両者のあいだには決定的断絶はありません。そしてこの緊張関係をどうマネジメントしていくかが、政治体が生き残っていくうえでもっとも重要なことであるとスピノザは考えていた。

大竹――だからスピノザはことさら「抵抗権」を問題にすることもない。国家への抵抗が規範的に正しいかどうかとは無関係に、ひとびとの自然権のマネジメントができなくなった国家はおのずから解体するわけですから。

國分――その通りです。ひとびとの自然権のマネジメントというのは、いつでもどこでも国家の生命線ですよね。

それと感情の話ですが、ホッブズは恐怖をもっとも政治的な感情として特権視しました。それに対しスピノザには何かひとつの感情を特権視するという考えはありません。ただ、彼が政治を考えるうえで重視していた感情がいくつかあって、それはねたみの系列に属する感情だと思うんです。『エチカ』（一六七七）第三部は、感情を網羅的に、それこそ辞書のように次々と定義していますけれども、憎しみ、ねたみ、嫉妬の系列が非常に充実していて、しかも実にするどい。

たとえば、ひとは自分と同等でない者のことはねたまない、とスピノザはいっています。[注17]「お前と俺は同等なはずなのに、なぜお前だけ評価されているのか」と思われたときにひとははじめてねたみの感情を抱く。でも、ひとはねたむことに耐えられない。すると、誰か別のひとを特別視して崇拝し、ねたんでいた対象をそれと比べ、「あんなやつはそもそもたいしたことないのだ」と自分や他人にいい聞かせることになる。これは、ドゥルーズもスピノザにおい

注17　スピノザ『エチカ』第三部定理五五系。（國分）

て注目している、ルサンチマンが圧制者を求める欲望と結びつく例です。あるいはまた、親への復讐心を抱いた子が「戦争の労苦と暴君の命令」を選び、あらゆる負担を引き受けるようになるとか、そんな話もしています。[注18] 人間の心の機微を繊細にとらえつつ、それがもつ政治的効果を考察している気がします。

大竹――非常に月並みですが、キリスト教の「愛する神」とユダヤ教の「嫉妬する神」を対置するというのはよくなされますが、そうしたユダヤ教の背景がスピノザの人間理解に反映しているというのはないんでしょうか。

國分――スピノザは小さいころからユダヤ教に接していましたが、あまりユダヤ教に理論的影響を受けている感じはしませんね。というか、スピノザの哲学はどこから来たのかが謎です。本当に独特な感じがします。

注18　スピノザ『エチカ』第四部付録一三。（國分）

大竹――たとえばマイモニデス[注19]の影響は？

國分――『エチカ』にはマイモニデスに当てこすりをしていると思われる箇所がいくつかありますが、決定的な影響を受けているとは思えませんね。僕もマイモニデスの『迷える者の導き』はかなり一生懸命読みましたが、根本的な発想が違いますよね。スピノザが哲学的にもっとも影響を受けたのは、やはり一般的にいわれている通り、デカルト[注20]でしょう。ただし、デカルトはスピノザのなかで完全に脱構築されている。政治哲学であれば、デカルトに相当するのがホッブズですよね。スピノザの自然権の考え方は、まさしくホッブズの自然権概念を脱構築して生まれたものです。

いま名前を挙げたデカルトにせよホッブズにせよスピノザにせよ、一七世紀の哲学者は情念を細かく分類して定義するということを熱心におこなっています。大竹さんは「公開性の根源」で、一七世紀における情念論の流行は宗教戦争を背景にしているという事実を紹介されました。つまり、あの時代の知識人はみんな、普通の庶

注19（一一三五―一二〇四年）ラビ・モーシェ・ベン＝マイモーン。マイモニデスはラテン語名。ユダヤ教のラビ。著作に『迷える者の導き』など。

注20（一五九六―一六五〇年）フランス生まれの哲学者、数学者。著作に『方法序説』、『情念論』など。

民でも宗教的情念に駆られると平気で残虐行為をおこなうことに驚いた。そこから、どうやって情念を統御したらよいかという課題が追求されることになった。

大竹――当時の情念論の流行の背景に宗教戦争があることもよく知られた事実です。ただこのことは、これまで日本ではあまり指摘されてきませんでしたね。宗教戦争を終わらせて平和と秩序を取り戻すためには、人間の情念や宗教感情をなんとかコントロールしなければならないと考えられたわけです。これは当時の新ストア派の政治哲学に典型的に見られる考えです。

おそらくホッブズもこうした時代背景のもとで見る必要があるでしょう。彼にとって死への恐怖というのは、あらゆる情念を克服するための情念です。宗教戦争の時代、ひとびとは信仰や宗教的大義のためにすすんで死に赴くこともあった。しかし、死への恐怖はそうした熱狂を静め、敵対性のエスカレートを防ぐことができるはずである。繰り返しますが、これは「現実主義《リアリズム》」的な人間観というわけではなく、宗教戦争の克服という時代の要請に応えるためのひとつの理論的なパラダイムです。

民主主義をめぐる同質性と多数性

國分――シュミットもアクラマチオーン（喝采）を論じていて、情念への注目があるように思われますがどうなんでしょうか？

大竹――シュミットのアクラマチオーンは、民衆の情念を問題にしているわけではないんですよ。それは民主主義の主体となるひとつの人間集団が存在するということをいいあらわした概念です。ちなみに、シュミットはアクラマチオーンの概念をヴェーバーの人民投票的大統領制から受け継いだといわれることもありましたが、むしろ直接には神学者のエーリク・ペーターゾン注21に由来するものです。

シュミットにとっては、ある人民がひとつの同質的な集団として存在していることが民主主義の条件です。民主主義は個人の自由や

注21 （一八九〇―一九六〇年）ドイツのカトリック神学者。著者に『政治的問題としての一神教』など。

権利に立脚するというより、集団的アイデンティティに立脚するというのが彼の考えです。個人の自由や権利を守るのは、民主主義の役割ではなく、むしろ民主主義とは相反する自由主義の役割とされます。自由主義と民主主義との違いは、個人の「自由」を重視するか、共同体メンバーの「平等」を重視するかという観点からとらえられるのが一般的ですが、シュミットは民主主義的な平等というものは同質的な人間集団においてのみ可能だと考えるわけです。

國分――民主主義は同質性あるいは同一性を根本においているという有名なシュミットの主張にはどうも十分に納得できないところが残るんです。『現代議会主義の精神史的地位』では、下される決定のすべてが、ただ決定する者に対してのみ効力をもつべきだというのが民主主義の本質であるとされ、民主主義が依拠する同一性として、統治者と被治者の同一性、支配者と被支配者の同一性、国家的権威の主体と客体の同一性、人民と議会におけるその代表との同一性などが列挙されていきます。[注22] これは理解はできるんですけれど、

注22 カール・シュミット『現代議会主義の精神史的地位』稲葉素之訳、みすず書房、新装版、二〇一三年、三五、三七頁。（國分）

どうして同質性あるいは同一性でなければならないのかという疑問は残る。

大竹――民主主義というのは、あるひとびとがみずからの政治的意思を集団として自己決定することだ、と。シュミットのこのような定義の背景のひとつとして、おそらく第一次世界大戦後にさかんに主張されるようになった民族自決の問題があるでしょうね。戦後に、オーストリア＝ハンガリー、オスマン＝トルコなどの帝国が解体したことで、とりわけ東ヨーロッパ地域に新しい国民国家が誕生する。シュミットはこうした同時代の国際状況を目の当たりにしていました。実際、シュミットは二〇年代から国際法や国際連盟についての論文も数多く執筆していますが、そこでは民主主義と民族自決がほとんど同じ概念として扱われています。

たしかに、ある民族的マイノリティが自決をかかげて既存の国家から独立しようとする場合にも、現行の法秩序を打ちやぶる構成的権力の問題が関わってきますね。最近でも、スペインからの独立を目指しておこなわれたカタルーニャ地方の住民投票に対し、スペイン政府は「憲法違反」だから認めないという立場を貫きましたが、そもそも自国の一部が合法的に分離独立することをあらかじめ認めている憲法なんてあるのか。これも民主主義と立憲主義との齟齬の一例といえるでしょう。

國分——アレントは政治の条件は多数性だといいましたね。区別された（distinguished）ひとびとが集まり、なんとかして決定を下すのが政治である、と。これは民主主義の定義でもいいと思うんですね。そして、こちらの定義のほうがピンとくる。むしろ同質性がないひとびとが集まってなんとか物事を決めるための仕組みが民主主義ではないかと思えるんですが。

大竹——たしかにシュミットの同質主義的な民主主義はいまでは批判も多いです。人民の同質性というとき、彼自身は必ずしも血でつながった民族や人種を念頭においていたわけではありませんでしたが、ナチス期になると結果的に、生物学主義や人種理論に近いところに行ってしまった。このように、同質性という概念がなんらかの民族や人種に実体化される危険があるのは事実です。

しかし、人民の同質性ということをもっと脱色して、シュミットに好意的なかたちで理解すれば、政治の目的は個人の普遍的な権利を守るだけでなく、あるひとびとが自分たちに固有な生活のあり方をみずから決定し、実現することだというコミュニタリアン[注23]的な思想をいいあらわしたものとみなすこともできます。実際ハーバーマスは、シュミットの民主主義論は現在のコミュニタリアンに重なると指摘しています。[注24] もっとも彼はこの二つをまとめて批判するためにこういっているのですが。いずれにせよ、シュミットが定式化した自由主義と民主主義の対立は、「リベラル」と「コミュニタリアン」の対立としていい換えることもできるでしょう。僕自身は必ずしもコミュニタリアンに賛成しているわけではありませんが、個人の自由や権利をいうだけでは、みんなが集まって政治的決定を下すことには直結しないこともたしかです。シュミットのいう同質性

注23　二〇世紀後半にアメリカで発展した共同体を重んじる政治思想。代表的な論者にチャールズ・テイラー、マイケル・ウォルツァーなど。

注24　ユルゲン・ハーバーマス「包括――受容か包囲か？　国民、法治国家、民主制の関係」『他者の受容』高野昌行訳、法政大学出版局、二〇〇四年、一五三～一八〇頁。（大竹）

は、ひとびとを共同で意思形成するよう動機づけるような集団的アイデンティティのことだと解釈することができるでしょう。

國分—なるほど、そう考えれば、ある程度理解できます。

大竹—民主主義的な政治のためにはひとびとのあいだになんらかの共通性が必要であるという考えは、シュミットに限りません。ルソーをはじめ、「共和主義」と呼ばれる政治思想の伝統に多かれ少なかれ共通する考えです。たとえば、市民の「徳」といったものがそれにあたります。メンバーがある程度同質的なメンタリティを備えていないと、共同体の統合力や凝集力が生まれないというわけです。ただこうした集団的アイデンティティを求めすぎると、今度は個人の権利や多様性がないがしろにされる危険もありますが。

國分—どう理解するにせよ、アレントとシュミットの政治および民主主義の定義が重要な参照項であるのは間違いないですね。つねにそこに立ち戻って現実の政治や民主主義を見直す軸になる。

大竹――ちなみに、アレントの思想はいわゆる「政治的リベラリズム」から区別する必要があるでしょう。彼女はすべてのひとがもつ普遍的な権利をもとにして政治的公共圏を構想しているわけではありません。だから彼女は、みんなが同じ人間として平等だなどというヒューマニズムめいたことはいいませんし、「人権」という概念にも不信感をもっています。これにはたしかに、彼女自身がナチス期にユダヤ人亡命者として、人権などという建前がなんの助けにもならない不安的な無国籍状態におかれたことが影響しているのかもしれません。

ただ思想的に見れば、これは彼女の初期から一貫している立場だと思います。つまり、各人は互いに交換しえない固有な存在であるという実存主義的な人間観です。ひとはそれぞれ、「みんな同じ人間」などという共通項でくることのできない「この私」だということです。ひとびとのこうした固有性を奪ってしまうからこそ、全体主義は最悪の災厄だとされるわけです。この点でアレントは、ハイデガーやカール・ヤスパース[注25]から受け継いだ実存主義に忠実であり続けたのだと思います。後年のアレントの政治哲学は、互いに共通するものをもたない特異な人間たちが、それにもかかわらず一緒に共存していくにはどうすればいいかをめぐって展開したといっていいでしょう。実存主義と政治をつなげるための努力が彼女の「複数性の政治」だったわけです。そうはいっても、実際のところ、一人ひとりの多様性と共同性を両立させるのはなかなかむずかしいですけどね。

國分——アレントは実存主義に忠実であり続けたし、晩年にはそれを政治とつなげようとしていたという考えには賛成ですね。絶筆となった『精神の生活』(一九七八)は、「思考」を論じた第一部、「意志」を論じた第二部で終わってしまったわけですが、そもそもこれはアイヒマン裁判[注26]の衝撃を受けてはじまったプロジェクトでした。つまり、政治的な問題を、「思考」や「意志」、そして、書かれなか

注25 (一八八三―一九六九年)ドイツの精神科医、哲学者。著作に『哲学入門』、『精神病理学総論』など。

注26 一九六一年にイスラエルのエルサレムでおこなわれた、ユダヤ人の絶滅収容所へ列車輸送する最高責任者であったアイヒマンに対する裁判。アレントは『イェルサレムのアイヒマン』を記した。

った第三部において取り扱われるはずだった「判断力」といった諸個人の能力から考えようとしていた。

市民的不服従と立憲主義

大竹――民主主義と立憲主義の両立可能性について、もっと違う視点から考えてみることもできると思います。たとえば、市民的不服従のような法律違反すれすれのグレーゾーンのケースに目を向けてみることです。市民的不服従についてはアレントも論じていますが、ここではむしろハーバーマスの議論が参考になると思います。

ハーバーマスは八〇年代前半に市民的不服従の正統性について論じているのですが、[注27]その背景としては環境運動や女性運動といった「新しい社会運動」の盛り上がりがあります。特にこの時期のドイツでは国内の米軍基地への中距離核ミサイルの配備をめぐって大規模な反対運動が起こり、そのなかで法に抵触するとも思われるような抗議活動が相次いだ。これに対して、保守的な政治家や司法関係

注27　ユルゲン・ハーバーマス『新たなる不透明性』河上倫逸ほか訳、松籟社、一九九五年、「市民的不服従――民主的法治国家のテストケース」一〇七～一三四頁、「法と権力（暴力）――ドイツ（人）のトラウマ」一三五～一五九頁。（大竹）

者、ジャーナリストなどが、こうした抗議活動はそのまま立憲国家の存立を、さらに民主国家の存立を脅かすものだという批判を浴びせたわけです。ハーバーマスはこれに反論しようとした。そうした批判は、法治国家としての合法性と民主国家としての正統性を無媒介に混同している、と。

彼によると、たとえ非合法な行為であったとしても、国家を民主主義的に正統化していくという観点から見れば、なんらかの寄与をすることがありうる。もちろん、非暴力的な行為に限りますよ。たとえそのときは非合法な行為であっても、あとから見れば正しい行為だったとひとびとに認められて、国家の法秩序のなかに新たな権利として書き込まれる可能性もある。もちろん、認められない可能性もありますが。ともかくも、立憲国家を進歩させるきっかけとして市民的不服従をとらえようというわけです。

要するに、立憲国家の進歩はあらかじめ予期できないかたちでもたらされることがありうるということです。単に合法的な手続きだけでそれが可能になるわけではない。ハーバーマスの批判は「憲法の番人」という考え方に向けられています。前に僕が「憲法の番人」による憲法解釈の独占の問題点を指摘しましたが、元ネタはハーバーマスです。戦後ドイツは「自由で民主的な基本秩序」を守ることを国是としているけれど、何がそれを脅かす行為なのかを、特定の国家機関の判断だけで決めることがあってはならない。それが行政機関だろうが司法機関だろうが同じことです。戦前のドイツでは「憲法の番人」は誰かをめぐって、それを行政府の大統領に見るシュミットと、憲法裁判所に見るケルゼンとのあいだに有名な論争がありましたが、ハーバーマスによるとどちらにしても根本的な違いはない。国家の正統性についての決定は、特定の審級が独占的におこなうことではないというのです。個々の市民は場合によっては自分の判断で法の侵害にも見える行為に訴えることがあるかもしれないけれど、それが結果的にほかの市民たちに受け入れられ、法律上の権利として承認されることもありうる。これが「民主的法治国家」がみずからを正統化していくやり方だと。こういう視点から立憲主義と民主主義の両立可能性を考えることは可能だと思います。

國分——いまの話はデリダの正義の定義に重なりますね。あらかじめ「これが正義である」と決めることはできない。もしそれを決められるのならば、正義は広い意味での法と区別がつかなくなってしまう。つまり、正義にかなっているということが、適法的であるという意味になってしまう。正義は「これが正義である」とあらかじめ決めておけないから正義なのである、と。

デリダはそうした考えから正義を計算不可能なものといいましたが、いまのハーバーマスの議論と接合すると、このいかにもデリダ的な議論を現実の政治にうまくつなげられますよね。「たしかに法律には違反しているのかもしれないが、これはなされるべきだ」と直観的に判断される行為というのはやはりあるわけです。たとえば、圧政への抵抗は非合法にならざるをえない場合がある。その抵抗が正義にかなっていたかどうかは、後々ゆっくりと検証されていかねばならないということになるでしょう。

大竹——そうですね。ハーバーマスのいう市民的不服従は、デリダが計算不可能なものとか、絶対的に特異な出来事と呼ぶものにある程度対応しているでしょうね。前にデリダの「メシア的なもの」を政治理論に組み込むことはむずかしいといいましたが、ここにそのひとつの手掛かりがあるのでしょう。どんな法や権利のカテゴリーにもあらかじめ包摂できず、予見することもできない行為や出来事にどう向き合っていくか。これはひとがそのつどそのつど決断していかなければならないことがらです。一回ごとの判断を迫られるわけです。デリダであれば、「メシア的な緊急性」というでしょう。

ハーバーマスの市民的不服従も、まさにそのような法や権利のカテゴリーの外にある「限界事例」です。しばしば誤解されていますが、ハーバーマスは市民的不服従を言葉の厳密な意味で「正当化」しているわけではないんですよ。抵抗「権」はいうまでもなく、市民的不服従「権」のようなものを主張しているわけでもない。市民的不服従というのは、前もって法秩序のなかに書き込むことができないものです。個々の不服従行為が正当な権利として認められるかどうかは、あとからひとびとに受け入れられるかどうかによって決まることであって、それまではあくまで法を「宙づり」にするような異議申し立ての行為にとどまります。法秩序に進歩をもたらす正当な要求だったと認められるかもしれないし、単なるひとりよがりのわがままにすぎなかったとされるかもしれない。「討議倫理」[注28]を作動させるそのつどのきっかけといっていいでしょう。市民的不服従にはさまざまなものがありうるわけで、それが正当かどうかについての判断は個々の事例ごとにやっていくしかない。

國分——市民的不服従はそう考えてみれば、法的には非常にむずかしい問題ですね。

大竹——民主主義と立憲主義が触れ合う境界地点といっていいかもしれません。

國分——僕がはじめてフランスに留学してストラスブール大学にいたときには、まだ徴兵制があったんですけど、これを拒否している若

注28　すべての当事者が参加する討議によって生み出された倫理。

者がけっこういたんです。で、そうして徴兵を拒否している若者を積極的にバイトで雇っている映画館が街にあった。僕はさすがフランスだなと思ったし、ちょっと感動した。市民的不服従というものへの理解があり、それを受け入れるだけの度量が社会のなかに存在している。

大竹──それが政治文化というものですよね。単なる法律を超えたところにある正義へのセンシビリティをもって、みずからの責任でそれに忠実であろうとする。少なくとも民主主義の出発点がそこにあります。それはたしかに立憲主義と齟齬をきたすこともありますが、立憲主義の進歩に寄与することもあるわけです。もしバスの白人優先席に座った黒人女性ローザ・パークス[注29]が人種分離法にしたがって素直に席をゆずっていたら、アメリカの公民権法は成立していなかったかもしれない。あるいは、もしシャープビル[注30]に集まったデモ隊がパス法を守って身分証を携帯していたら、南アフリカのアパルトヘイト法は撤廃されなかったかもしれない。異議申し立ての行

注29　（一九一三─二〇〇五年）公民権運動活動家。一九五五年にアラバマ州モンゴメリーでバス運転手の命令にそむき、白人に席を譲るのを拒み、人種分離法違反の容疑で逮捕。公民権運動のきっかけとなった。

動を立憲主義の発展にどうつなげていくか、そこが問われているのだと思います。

國分――民主主義と立憲主義の接触点、あるいは、最終的には立憲主義の進歩に寄与するかもしれないが、ときに立憲主義と齟齬をきたす正義、そういったものを考えるためには、やはり哲学的な思考や政治哲学が欠かせません。デリダが、たしか講義でだったと思いますが、ドグマティズムとは、ここまでは考えるけれどもここからは考えないという線を引いてしまうことだといっていました。哲学はドグマティズムであってはならない。それはもちろんとても大変なことです。今回の大竹さんとの対話で、僕自身、哲学に背負わされた荷の大きさを再確認した気がします。でもそれは同時に、これから考えねばならない課題がいくつも見えてきたということでもある。それらの課題にこれからも取り組んでいきたいと思います。

注30　南アフリカ共和国シャープビルで黒人に身分証の携帯を義務づけたパス法に反対したデモ隊が虐殺された事件。

おわりに

本書では、現代政治をめぐる諸問題が思想と歴史の観点から論じられている。おかしなことをいうようだが、私はいま大竹さんとの議論を振り返りながら、そうした観点がどれほど有効であるのかを実感している。たとえば、行政と主権の関係、立憲主義の定義、法の制定と運用の問題などといったトピックは、近年の政治上の論点に直結するものであると同時に、思想と歴史の知識がなければ理解がむずかしい、そうした難題でもある。おそらくわれわれはいま、思想と歴史の知識が直接に必要とされ、また直接に役に立つ、そのような政治状況を生きている。

もちろん、「いつだってそうであったはずだ」といわれるかもしれない。おそらくそうなのだろう。だが、少なくとも私の肌感覚としてはこの二〇年で事態は大きく変化した。大竹さんと私がともに大学生として政治学を学んでいた一九九〇年代中頃は、「政治思想や政治哲学などを勉強していったいなんの役に立つのか？」という問いがまだ真剣に議論されていたように思う。つまり、それらは役に立たないように見えた。そして、そのように見えたのは、おそらく、実際にそうだったからである。私自身にしても、哲学に関心をもったのは、それが何かの役に立つと思えたからではない。単におもしろかったからである。

ところが時代は変わってしまった。哲学は実際に役立つものになった。思えば、時代が哲学を必要とし、哲学が実際に役立つようになるのは、少しもいいことではない。なぜならそれは、哲学がなければとても太刀打ちできない難題に時代が直面していることを意味しているからである。本書において大竹さんと私は何度も一七世紀にさかのぼって議論したけれども、一七世紀こそは近代哲学が創始された世紀であったと同時に、ヨーロッパ政治社会の危機の世紀であった。われわれを取り巻く状況が、あの時代の混乱に相当するものかどうかはわからない。けれども、あの混乱の時代にあらわれた哲学が、いままさに役立ちうることはたしかであると思われる。

たとえば「立憲主義」という言葉が毎日のように新聞を賑わせていること自体が異常ではないのか。そんなものは憲法がある国なら当然視されていて然るべき考え方であって、立憲主義を守るという課題が生まれることそのものが、なんらかの危機、あるいは不幸の存在を我々に告げている。そして、危機や不幸に対応するためには、まさしく大竹さんが「はじめに」で記しているように、ラディカルでなければならない。問題の「根っこ（ラディクス）」にまでさかのぼらなければならない。思想や歴史を学ぶこと、あるいは哲学を身につけることは、その実践である。

＊

本書の出発点となったのは、『atプラス』誌に掲載されたふたりの対談である。雑誌掲載時から書籍化にいたるまで、太田出版の落合美砂さん、柴山浩紀さん、綿野恵太さんに大変お世話になった。心からお礼申し上げたい。また、本書に掲載されたふたりの写真は、写真家岩沢蘭さんの手によるものである。すばらしい写真を撮影していただいた。心からお礼申し上げたい。

大竹さんとの付き合いはもう二〇年にもなる。ふたりの専門分野は、近いといえば近く、遠いといえば遠い。この距離感をもって対話を続けることは実に刺激的であった。私は、大竹さんの話についていくために猛勉強しなければならなかったからである。そこには最高の学問的な喜びがあった。哲学が必要とされることが危機の証しであろうとも、哲学を学ぶことそのものには喜びがある。それは危機の時代に残された数少ない希望である。

國分功一郎

撮影: 岩沢 蘭

撮影: 岩沢 蘭

大竹弘二《おおたけ・こうじ》
一九七四年生まれ。南山大学外国語学部准教授。専門は政治思想史。著作に『正戦と内戦――カール・シュミットの国際秩序思想』(以文社)、訳書にアレクサンダー・G・デュットマン『友愛と敵対』、『思惟の記憶』(ともに月曜社)がある。

國分功一郎《こくぶん・こういちろう》
一九七四年生まれ。高崎経済大学経済学部准教授。専攻は哲学。著作に『スピノザの方法』(みすず書房)、『暇と退屈の倫理学』(朝日出版社)、『来るべき民主主義』(幻冬舎新書)などがある。

第一章『atプラス』19号に掲載されたものを加筆修正
第二・第三・第四・第五章 語り下ろし

at《プラス》叢書
09
統治新論
民主主義のマネジメント
二〇一五年一月三一日初版発行

著者　大竹弘二
　　　國分功一郎
ブックデザイン　鈴木成一デザイン室
写真　伊藤菜々子・岩沢 蘭
編集　綿野恵太
編集協力　柴山浩紀
発行人　落合美砂
発行所　株式会社太田出版
〒一六〇-八五七一　東京都新宿区愛住町二二　第三山田ビル四階
TEL　〇三-三三五九-六二六二　FAX　〇三-三三五九-〇〇四〇
振替　〇〇一二〇-六-一六二一六六
WEBページ　http://www.ohtabooks.com/
印刷・製本　株式会社シナノ

ISBN978-4-7783-1426-2　C0095
©Koji Otake, Koichiro Kokubun 2015 Printed in Japan
乱丁・落丁はお取替えします。
本書の一部あるいは全部を利用（コピー等）する際には、
著作権法上の例外を除き、著作権者の許諾が必要です。

統治新論巻末広告

哲学の自然
中沢新一
國分功一郎

3・11以降の新しい「自然哲学」は、哲学の自然を取り戻す試みであり、自然も含めた民主主義を目指す運動である。原発に対置されるべき原理を探る実践的哲学書。増刷出来。

永続敗戦論
戦後日本の核心
白井聡

「一九四五年以来、われわれはずっと「敗戦」状態にある。」第三五回石橋湛山賞、第一二回角川財団学芸賞をダブル受賞。戦後日本論の画期をなすベストセラー。

日本の起源
東島誠
與那覇潤

古代の天皇誕生から現代の日本社会までを貫く法則とは？　二人の歴史学者が迫る、歴史学がたどりついた日本論の最高地点。六刷出来。

理想の村マリナレダ
ダン・ハッコックス
プレシ南日子（訳）

家賃月一五ユーロ、警官ゼロ、最低賃金の二倍以上の給料がもらえる村営農場。三〇年以上続く、スペインに実在するユートピアを描く。

ピアノを弾く哲学者
サルトル、ニーチェ、バルト
フランソワ・ヌーデルマン
橘明美（訳）

三人の思想家、サルトル、バルト、ニーチェはアマチュアのピアニストで、ピアノをこよなく愛していた。彼らのピアノ演奏、音楽体験を取り上げながら、哲学的思考、時間性、家族・友人関係と演奏がいかに交錯していたのかを明らかにする。解説＝澤田直。